可持续发展框架下的社区旅游：

理论创新与实践探索

Community Tourism under the Framework of Sustainable Development:
Theoretical Innovation and Practical Exploration

李玮娜/著

中国财经出版传媒集团
经济科学出版社
Economic Science Press

图书在版编目（CIP）数据

可持续发展框架下的社区旅游：理论创新与实践探索/李玮娜著. —北京：经济科学出版社，2021.11
ISBN 978 - 7 - 5218 - 3196 - 2

Ⅰ.①可… Ⅱ.①李… Ⅲ.①社区 - 旅游业 - 研究 Ⅳ.①F59

中国版本图书馆 CIP 数据核字（2021）第 248399 号

责任编辑：于　源　姜思伊
责任校对：王京宁
责任印制：范　艳

可持续发展框架下的社区旅游：理论创新与实践探索
李玮娜　著
经济科学出版社出版、发行　新华书店经销
社址：北京市海淀区阜成路甲 28 号　邮编：100142
总编部电话：010 - 88191217　发行部电话：010 - 88191522
网址：www.esp.com.cn
电子邮箱：esp@esp.com.cn
天猫网店：经济科学出版社旗舰店
网址：http://jjkxcbs.tmall.com
北京密兴印刷有限公司印装
710×1000　16 开　9.75 印张　150000 字
2021 年 12 月第 1 版　2021 年 12 月第 1 次印刷
ISBN 978 - 7 - 5218 - 3196 - 2　定价：42.00 元
(图书出现印装问题，本社负责调换。电话：010 - 88191510)
(版权所有　侵权必究　打击盗版　举报热线：010 - 88191661
QQ：2242791300　营销中心电话：010 - 88191537
电子邮箱：dbts@esp.com.cn）

目录
contents

第一章　绪论 …………………………………………………… 1
　　第一节　可持续发展框架下的社区旅游 ………………………… 1
　　第二节　本书的结构 ……………………………………………… 11

第二章　社区旅游研究综述 …………………………………… 15
　　第一节　社区旅游研究的兴起 …………………………………… 15
　　第二节　社区旅游研究概况 ……………………………………… 17

第三章　社区旅游理论基础 …………………………………… 27
　　第一节　社区的概念及分类 ……………………………………… 27
　　第二节　不同研究视域下的社区旅游 …………………………… 38

第四章　社区旅游实践的兴起与发展 ………………………… 60
　　第一节　中外社区旅游实践概况 ………………………………… 60
　　第二节　日本及中国台湾地区的社区营造实践 ………………… 67

第五章　基于社区的乡村旅游可持续发展 …………………… 81
　　第一节　中国的城镇化发展及特色小镇和田园综合体实践 … 96
　　第二节　乡村社区旅游发展的案例分析 ………………………… 102

第六章　基于社区的城市旅游休闲产业创新经营 …………… 102
　　第一节　休闲、旅游及其与城市发展的关系 …………………… 105
　　第二节　城市旅游休闲产业发展面临的机遇

第三节　城市社区旅游的理论基础与发展原则 …………… 112
第四节　济南百花洲片区社区旅游发展的案例研究 ………… 115

附录 A ……………………………………………………………… 129
附录 B ……………………………………………………………… 132
参考文献 …………………………………………………………… 135

第一章 绪 论

社区旅游作为一种以社区为基础，将目的地建设、旅游业发展与社区规划和布局相结合的旅游发展和规划模式，主要通过优化社区结构实现旅游产业高质量发展，谋求旅游目的地经济效益、环境效益和社会效益的协调发展和最优化。在当前形势下，秉持以社区为基础的旅游发展理念，结合我国实际创新社区旅游发展模式对于实现我国旅游产业与目的地的协调可持续发展、发挥旅游业作为战略性支柱产业在我国经济和社会发展进程中的作用具有重要意义。

第一节 可持续发展框架下的社区旅游

一、可持续发展理念及中国的可持续发展进程

可持续发展作为一种理念可追溯至20世纪60年代。1987年，时任联合国世界环境与发展委员会主席的挪威首相布伦特兰夫人在其报告《我们共同的未来》中，把可持续发展定义为"既满足当代人的需要，又不对后代人满足其需要的能力构成危害的发展"，[1] 此后可持续发展作为一种新的发展观得到广泛接受。1992年6月，联合国环境与发展大会在巴西里约热内卢召开，会议通过了《里约环境与发展宣言》《21

---

[1] 世界环境与发展委员会：《我们共同的未来》，王之佳、柯金良译，吉林人民出版社1997年版。

世纪议程》《关于森林问题的原则声明》等重要文件,并开放签署了联合国《气候变化框架公约》、联合国《生物多样性公约》,这充分体现了可持续发展的新思想已成为全球共识和最高级别的政治承诺。

为响应联合国环境与发展大会要求,各国制订和组织实施相应的可持续发展战略、计划和政策的倡议,我国政府于1994年组织制定了《中国21世纪议程——中国21世纪人口、环境与发展白皮书》,作为指导我国国民经济和社会发展的纲领性文件,开始了我国可持续发展的进程。[①] 2003年,为全面推动可持续发展战略的实施,我国政府制定了《中国21世纪初可持续发展行动纲要》,明确我国实施可持续发展战略的指导思想是:坚持以人为本,以人与自然和谐共生为主线,以经济发展为核心,以提高人民群众生活质量为根本出发点,以科技和体制创新为突破口,坚持不懈地全面推进经济社会与人口、资源和生态环境相协调,不断提高我国的综合国力和竞争力,为实现第三步战略目标奠定坚实的基础。

2015年,联合国大会第七十届会议通过了《变革我们的世界:2030年可持续发展议程》,呼吁各国采取行动,为今后15年实现"在全世界消除一切形式的贫困""确保健康的生活方式,促进各年龄段人群的福祉""促进持久、包容和可持续的经济增长,促进充分的生产性就业和人人获得体面工作""减少国家内部和国家之间的不平等""建设包容、安全、有抵御灾害能力和可持续的城市和人类住区""采用可持续的消费和生产模式"等17项可持续发展目标而努力。[②] 此后,中国高度重视并全面落实可持续发展议程,在经济发展、社会进步和生态保护等方面取得显著成效。

2021年9月26日,以"推动以人为中心的可持续发展"为主题的"可持续发展论坛2021"在北京举行。论坛发布了《中国落实2030年可持续发展议程进展报告》,回顾了中国自2016年至2020年秉持以人民为中心的发

---

① 中国21世纪议程管理中心:《中国21世纪议程——中国21世纪人口、环境与发展白皮书》,中国环境科学出版社1994年版。
② 联合国文件:《变革我们的世界:2030年可持续发展议程》,外交部网站,2016年1月13日,http://switzerlandemb.fmprc.gov.cn/web/ziliao_674904/zt_674979/dnzt_674981/qtzt/2030kcxfzyz_686343/201601/t20160113_9279987.shtml。

展思想，贯彻创新、协调、绿色、开放、共享的新发展理念，高度重视落实2030年议程，并将其与"十三五"规划等中长期发展战略有机结合、统筹谋划，持续推进2030年议程各项任务，在多个可持续发展目标上取得积极进展的发展历程。[①] 具体来说，中国在2020年历史性消除绝对贫困，全面建成小康社会，提前十年完成可持续发展议程的首要目标，对全球减贫事业和人类发展做出重大贡献；国民经济持续增长，发展韧性进一步增强，将实现更高质量、更有效率、更加公平、更可持续、更为安全的发展，作为世界经济稳定器和动力源的作用会更加突出；居民收入和公共服务全面改善，人民物质和文化生活水平不断提高；生态环境总体优化，绿色低碳转型稳步推进。作为拥有14亿人口的发展中国家，中国可持续发展的成就本身就是全球可持续发展的重要组成部分。中国探索出的一条经济、社会、环境协调并进的可持续发展之路，为广大发展中国家提供了中国智慧和中国方案。

当前，面临日益复杂的国际环境和新冠肺炎疫情对实现可持续发展目标带来的冲击，全球发展面临前所未有的挑战。可持续发展作为破解当前全球性问题的"金钥匙"，仍将为世界经济复苏提供解决思路。

二、旅游业发展状况及后疫情时代面临的挑战

早在20世纪60年代，旅游业作为世界上发展势头最为强劲的产业之一，便被誉为20世纪的"经济巨人"。据世界旅游与观光理事会（World Travel and Tourism Council，WTTC）调查与研究，从1991年起，全球旅游业已成为世界上最大的产业和世界上最大的就业部门。[②] 这一结论也得到了学界认可：1999年，澳大利亚学者理查德森（Richardson，1999）引用世界旅游组织（World Tourism Organization，UNWTO）有关数据，指出"无论从哪个经济指标衡量，如总产值、附加值、从业

---

① 中国国际发展知识中心：《中国落实2030年可持续发展议程进展报告（2021）》，外交部网站，2021年9月27日，https：//www.fmprc.gov.cn/web/ziliao_674904/zt_674979/dnzt_674981/qtzt/2030kcxfzyc_686343/202109/P020211019126076276210.pdf.
② 范文清：《旅游业已成为世界最大产业——世界旅游与观光理事会1993年年度报告》，载《北京第二外国语学院学报》1994年第6期，第8~16页。

人员数、资金投入以及税收贡献等方面，旅游业现在都是世界上最大的产业"。① 进入 21 世纪以来，旅游业持续保持着高速发展势头。据统计，2019 年全球旅游总人次（包括国内旅游人次和入境旅游人次）为 123.10 亿人次，较上年增长 4.6%；全球旅游总收入（包括国内旅游收入和入境旅游收入）为 5.8 万亿美元，相当于全球 GDP 的 6.7%。② 更为重要的是，尽管全球旅游业的开展早已大众化，旅游市场的潜能仍有待充分释放。从全球旅游活动的发展历程以及今后的发展趋势来看，随着各国经济发展、人们闲暇时间的增多、受教育程度的提高以及其他各种社会经济利好因素的促进，旅游活动参加者的规模今后将不断成长和扩大，从而决定了旅游业未来的光明前景，决定了旅游业将会是一种永远的"朝阳产业"。③

当然，就世界各地不同国家、地区的情况而言，旅游活动的发展也因某些突发因素的影响而一时遭受挫折，甚至出现停滞、后退的情况，例如，20 世纪 70 年代中东战争的爆发、1986 年苏联切尔诺贝利核电站泄漏事故、2001 年美国"9·11"事件、2003 年"非典"疫情的暴发等，都曾对局部旅游活动的发展造成不同程度的影响。2020 年被世界旅游组织称为"旅游史上最糟糕的一年"，受新冠肺炎疫情影响，全球约 1/3 的旅游目的地对国际游客"完全关闭"；约 1/3 的旅游目的地施行管控；国际游客同比减少 10 亿人次，降幅约 74%。④ 据世界旅游组织预计，新冠肺炎疫情大流行对全球旅游业造成的破坏性影响，将"使全球旅游业倒退 20 年"⑤，而国际游客要到 2023 年甚至更晚才能恢复到疫情前的水平。⑥

---

① Richardson T J, *A History of Australian Travel and Tourism*. Melbourne：Hospitality Press, 1999.
② 世界旅游城市联合会、中国社会科学院旅游研究中心：《世界旅游经济趋势报告 (2020)》，网易，http：//travel.163.com/20/0109/11/F2EQ299T00068AIR.html，2020 年 1 月 9 日。
③ 李天元：《旅游学概论》，南开大学出版社 2014 年版。
④ 《世界旅游组织：2020 年是旅游史上最糟糕的一年，国际游客降幅 74%》，财经网，2021 年 3 月 9 日，https：//baijiahao.baidu.com/s? id =1693737016161200614&wfr = spider&for = pc。
⑤ 《世界旅游组织：新冠疫情将使全球旅游业倒退 20 年》，新浪财经，2020 年 8 月 26 日，https：//tech.sina.com.cn/roll/2020-08-26/doc-iivhvpwy3056464.shtml。
⑥ 《联合国报告：国际旅游业要到 2023 年才能恢复到疫情水平》，央视新闻客户端，2021 年 6 月 30 日，https：//baijiahao.baidu.com/s? id =1703966768959146525&wfr = spider&for = pc。

尽管如此，旅游业未来的发展前景仍被普遍看好。从根本上来讲，人们对美好旅行生活和文化休闲的向往程度有增无减，旅游需求只是暂时被疫情抑制了，但从未消失。随着疫苗研发推进、公共卫生措施的正确应用，在疫情得到缓解的同时，各国不同程度地开始复工复产，旅游消费信心也在逐渐恢复。然而也要看到，在新冠肺炎疫情冲击下，未来旅游市场的变化和产业的重构难以避免。为适应疫情后旅游需求的转型与升级，旅游产品及旅游目的地发展模式的创新势在必行。

对于我国而言，旅游业历经了从第三产业中的龙头产业、国民经济新的增长点到国民经济中的重要产业，继而到2009年国务院首次提出将旅游业培育成为国民经济的战略性支柱产业的地位变化。我国政府把旅游业放在国民经济发展的重要战略位置，这种战略性地位主要体现在：旅游业带动相关产业发展的极强产业关联性和对社会经济、政治、文化等的一系列带动效应；旅游业作为劳动密集型和资金、知识密集型相统一的产业，具有吸纳不同层次劳动力就业等社会功能及承担巨大社会责任功能；旅游业作为典型的低碳经济，对建设资源节约型、环境友好型社会的重要意义；旅游业作为区域营销的有效手段和营造投资环境的重要载体，对促进城市或地区的形象树立和品牌建设及改善城市或地区的居住环境和投资环境的积极作用；旅游业作为重要的国际贸易手段及树立国家形象的重要窗口，在增加外汇收入、向世界展示我国经济实力、文明文化方面的重要作用。[①] 显然，上述产业地位的实现首先需要转变发展观念，这意味着旅游业的发展要从粗放型转向集约型，在保证质量、提高效益的基础上实现经济总量的增加。具体来说，就是要秉承可持续发展的理念，不仅对旅游资源的开发利用要在环境可承载范围内进行科学合理的开发，还要鼓励社区参与，尊重利益相关者权益，实现利益分享，以真正展现旅游发展所带来的利益成果。

新冠肺炎疫情暴发后，在外部环境的恶化、外需的不确定性提高的大背景下，中国政府于2020年5月提出了"构建国内国际双循环相互促进的新发展格局"，具体来说，就是要"逐步形成以国内大循环为主

[①] 熊元斌、张文娟：《对旅游业战略性支柱产业定位的认识》，载《光明日报》2010年8月15日。

体、国内国际双循环相互促进的新发展格局,培育新形势下我国参与国际合作和竞争新优势"。对于脆弱的旅游业而言,在全球疫情形势发展尚不明朗、疫情迟迟得不到有效控制的形势下,则要构建国内国际相互促进的旅游业新发展格局,尤其要积极发展国内旅游业,通过旅游产品创新和业态创新、理性引导周边旅游、乡村旅游、自驾旅游等近程旅游消费趋势,让旅游更加深入地嵌入国民大众的日常生活中去,而不是游离在人民生活和经济社会发展体系之外。

作为一个由多元利益主体共同构成的复杂系统,旅游业发展中长期存在各种矛盾和争议,而这些问题出现的根源就在于各方没有站在适当的立场和角度看问题,因而无法形成比较全面的、历史的、逻辑的认识。从可持续发展的角度来看,看待旅游的发展问题应该以"旅游目的地社区的立场,而不是狭隘的行业或企业的立场",看待旅游发展问题的角度应该是"同时兼顾和满足旅游者、旅游业和旅游接待地区的居民三方利益的角度"。[①] 在"双循环"新发展发格局下,旅游业发展中更要着眼于主客共享美好生活新空间的理念,不仅要与社区生活共商共建、与本地商圈共生共荣,以进一步提升游客、企业员工和社区居民的满意度和获得感;还要更加关注包括但不限于环境变化、妇女和儿童保护、弱势群体权益、动物福利等重要议题,在应对挑战过程中,迎来更大的繁荣和发展的未来,把旅游业导向一个可持续发展的未来。

同时,在疫情防控常态化形势下,更需要一个全球化的视野。就全球范围来看,可持续旅游发展共同体正在形成,与以往市场化程度较高、以私营企业为主的行业状况相比,未来多边国际组织、政府、事业单位等公共部门在旅游业中的作用将进一步凸显。在这个全新的、生态的、可持续的世界旅游发展体系中,公共部门、私营部门、社会力量相向而行,为保障人民的旅游权利、推动产业可持续发展而共同形成一个共同体。[②] 要正视旅行社、OTA、酒店、景区、铁路公司、租车公司之间等市场主体的国际合作,探索一条"旅游需求引导市场开放,旅游投

---

① 李天元:《旅游学概论》,南开大学出版社2014年版。
② 《2020世界旅游发展报告:市场复苏的信心与产业变革的挑战》,搜狐网,2020年11月24日,https://www.sohu.com/a/434115354_120209902。

资促进基础设施和公共服务体系的完善,游客与社区共享现代商业环境"的国际旅游合作模式,推动国际旅游战略合作伙伴关系新动力的机制化成长。同时,在安全保障的前提下,各国政府尽可能消除旅行的壁垒,深化多形式、多层次的旅游合作,营造更加自由、便利、安全、舒适的旅行环境,造福各国人民。

三、作为可持续发展模式的社区旅游

尽管旅游业的发展对就业、跨文化交流以及当地社会的发展等方面产生了诸多积极影响,但难以忽视的是,过度旅游同样对目的地环境和人民生活造成了严重的负面影响。自 20 世纪 70 年代,旅游影响研究开始引起学者关注。20 世纪 80 年代,旅游活动规模的扩大及一些旅游目的地接待能力的饱和现象,促使人们对旅游带来的负面影响更加重视。环境保护主义的兴起和人们"绿色"意识的形成和普及,使得人们开始重新评价旅游发展的作用与价值。"低影响旅游""选择型旅游""负责任旅游""温和旅游""绿色旅游"等众多旨在降低和控制旅游负面影响的旅游发展概念纷纷涌现,直到 1987 年联合国世界环境与发展委员会提出"可持续发展"概念后,最终归结为"可持续旅游"这一概念。学者们认为,旅游发展所带来的负面影响似乎较为常见,却并非旅游业的必然产物;对这些负面影响的讨论往往就其潜在性或可能性而言,而其真正形成和严重化是有条件的,即旅游目的地的旅游规划工作是否适应当地自然、社会条件及管理能力,是否以可持续发展为理念。

(一)可持续旅游对社区的关注

根据"Globe'90"和 1992 年可持续旅游发展世界会议所提出的有关目标,可持续旅游所涉及的内容包括:增进人们对旅游所带来的环境影响与经济影响的理解,增强人们的生态意识;促进旅游的公平发展;改善旅游接待地区社会的生活质量;为旅游者提供高质量的旅游经历;创造未来旅游开发可利用的环境质量。其核心要点在于,从长远观点出发,全面认识旅游的影响,在满足当代人和后代人开发旅游业及开展旅游活动的需要方面，实现代际平衡。①

1996年，世界旅游组织、世界旅游理事会与地球理事会联合制定并颁发了《关于旅游业的21世纪议程——实现旅游与环境相适应的可持续发展》（以下简称《议程》），这份《议程》可以看作是旅游业发展的行动纲领和战略指南，是全球旅游业正式实施可持续发展战略的开端。1998年，在西班牙举行的可持续旅游世界会议颁布了《可持续旅游发展宪章》，强调旅游业的发展必须建立在生态环境的承载能力之上。联合国环境规划署在2011年提出，旅游业绿色发展是实现可持续经济的一个重要组成部分，目的是"改善人类福祉和社会公平，同时显著降低环境风险和生态不足"。人们越来越意识到，面对生态环境问题，旅游业需要开创一种新的模式即绿色发展来贯彻可持续发展理念。

时至今日，可持续旅游已成为众多旅游目的地发展旅游业的共识。其内涵是指在不破坏当地自然环境、不损坏现有和潜在的旅游资源及合理利用旅游资源、保护已开发的现有资源的情况下，在环境、社会、经济三效合一的基础上持续发展的旅游经济开发行为。在贯彻旅游可持续发展理念的过程中，全球可持续旅游委员会（Global Sustainable Tourism Council，GSTC）在其编写的全球可持续旅游标准中，为旅游目的地标准确定了四个方向：第一，可持续管理，即目的地拥有可持续管理的能力及架构。具体来说，目的地的旅游发展要让利益相关者参与相关规则的制定，开展合规性管理，注重游客满意度和游客安全，开展可持续方面的持续跟踪和监控以及公众认知推广。第二，社会经济的可持续，即最大化旅游对所在地社区经济发展的促进作用，减少负面影响。为当地经济带来效益，为本地社区居民带来福利。第三，文化的可持续性，即最大化旅游对本地社区、游客以及文化传承的促进作用，减少负面影响。保护文化遗产，管理游客并向其传递正确信息。第四，环境可持续，即最大化旅游对环境的促进作用，减少负面影响。可以看出，可持续旅游不仅表现在减少旅游过程中对自然的破坏以及对野生动物生存环境的影响，还关注着人文与历史的传承，以及当地经济的可持续发展。

自《议程》明确提出将社区居民作为关怀对象，并把社区居民参

---

① 李天元：《旅游学概论》，南开大学出版社2014年版。

与当作旅游发展过程中的一项重要内容和不可缺少的环节以来，对社区的关注始终是可持续旅游的重要内容和标准。随着践行可持续旅游的日渐深入，社区的重要性越发凸显。旅游目的地作为一个综合性的产品集合体，它由旅游目的地的公共组织、私营部门、社区及居民等相关利益者共同提供。这些利益相关者有责任参与旅游目的地的营销活动，也应共同分享旅游发展所带来的利益成果。提高当地居民的社区参与能力，将当地居民吸纳到旅游行业中就业或参与经营，既提高了居民收入，又使旅游业可持续发展获得了当地居民支持。

（二）社区发展规划法与基于社区的旅游

与可持续发展理念相适应，社区发展规划法作为一种以社区为单位的规划，是对社区的整体部署与设计，通过更有效地利用社区资源，合理配置生产力和城乡居民点，从而提高社会经济效益，保持良好的生态环境，促进社区开发与建设。

社区发展规划法的实质在于公众参与，以及基于居民区这一层次进行规划。维尔认为，社区发展规划法适用于休闲与旅游规划编制，主要涉及两项基本要素：第一项要素所关注的是提升决策过程中公众参与的程度，特别是在居民区这一层次；第二项要素所注重的是休闲和旅游的人性与公众利益层面，而非设施导向与个人利益层面。[1] 这种规划方法有其可行性和必要性。其可行性在于，相对于广泛的规划政策而开展的会议调查和问卷调查，在地方层次上，公众对于会议调查和问卷调查的参与程度较高，这是因为公众往往比较容易理解和认识涉及自己所在的社区的问题，且关注程度较高。其必要性在于，现代社区休闲活动的衰退和私人化使得社区层次上的社交互动和相互支援急剧减少，从而导致人的精神孤独和感情疏远，公众参与社区规划有助于加强社区居民之间以及居民与社区之间的情感联系。例如，西方国家的社区发展工作者和社区艺术家们试图通过鼓励各种社区群体，如房屋承租人协会、儿童游戏团体、老年人的宾果俱乐部以及足球队等，去扭转社区的衰退。在英

---

[1] ［澳］维尔：《休闲和旅游供给：政策与规划》，李天元、徐红译，中国旅游出版社2010年版。

国、法国等国家，社区运动艺术通过建立居民与社区的联系，帮助居民更多地了解其所处的境况和创造力，为其提供所需要的设施，拓宽和深化人们对其所在社区的归属感，从而丰富社区生活。总体来说，社区发展规划法具有如下好处：第一，当地居民的加入和认可，减少当地民众有可能用以阻碍有关项目开发的法律诉讼，增大长期成功的机会，增进社区对当地历史资源、文化资源和环境资源价值的了解，增强社区主体意识。第二，使神圣的场所和易受损害的资源得到保护，将由开发所带来的负面影响减至最小，为当地居民带来更多的便利设施，共享资源的机会，将利润留在社区中。

1980年，加拿大学者墨菲在研究中把旅游描述为"以社区为资源，把社区当产品出售的一种产业"，从而把社区和旅游联系在一起，并提出了由生态过程、社区焦点、利益相关者、连通性、平衡五部分组成的社区旅游的生态模型，构建了社区旅游规划的理论背景。此外，克里普彭道夫提出的和谐旅游模型、海伍德提出的规划模型均强调社区参与到旅游规划中去，以"所有参与者带来最大的利益，无论是旅游者、东道主社区还是旅游产业，而且也不会破坏生态和社会环境"为旅游规划目标，[①] 这与可持续发展理念显然是一致的。

20世纪90年代起，旅游业的发展对目的地社区经济、社会和生态环境带来的变化使研究者对维持目的地社区的特色表示担忧，特别在偏远或发展中地区。在此背景下，基于社区的旅游（community-based tourism）成为旅游研究的重要增长领域，强调在目的地规划和维护旅游发展方面重点关注目的地社区，其目标指向可持续的旅游业。研究者认为，"如果旅游是可行的和可持续的，目的地社区必须受益"，[②] 而基于社区的旅游"暗示了一种象征性的或相互的关系，在这种关系中，游客不被赋予中心优先级，而是成为系统中同等重要的一部分"，[③] 因而成为一种特殊的可替代旅游形式。

尽管基于社区的旅游规划体现了可持续发展理念，在研究中却常常

[①②] ［澳］Peter E Murphy and Ann E Murphy，陶犁、邓衡、张兵译：《旅游社区战略管理：弥合旅游差距》，南开大学出版社2006年版。

[③] Noel B Salazar, Community-based Cultural Tourism: Issues, Threats and Opportunities, *Journal of Sustainable Tourism*, 2012, 20 (1): 9 – 22.

遭受质疑。这是因为实现可持续发展的基本条件之一是公众的介入和参与，尽管社区居民对于自己的社区资源和发展需求最为了解，但要使整个社区达成一致意见却是相当困难的。鲍曼甚至指出，社区概念的提出更多的是出于情感而非理智。[①] 众多学者针对社区居民的利益不一致甚至冲突进行研究，其结果强调了目的地赋权及自下而上从计划开始实施到参与决策制定全过程的重要性。

在我国，可持续旅游从发展理念到落地实践已走过了三十余年的历程。20世纪90年代，中国进入区域旅游开发的高潮期，政府及研究者提倡可持续旅游的理念并号召将其落实在具体的规划过程中。1997年，首届"全国旅游业可持续旅游发展研讨会"召开，标志着中国政府对可持续旅游的直接介入和关注。2014年《国务院关于促进旅游业改革发展的若干意见》明确提出，要实现旅游产业由粗放型向集约型发展转变，从而实现旅游产业的绿色发展和可持续发展。《"十三五"旅游业发展规划》则全面展现了旅游业绿色发展的宏大画卷，包括倡导绿色旅游消费、实施绿色旅游开发、加强旅游环境保护以及创新绿色发展机制。政策层面的推动显然加速了我国可持续旅游的落地实施，在践行可持续发展理念的过程中，基于社区的旅游实践和理论研究徐徐展开，涌现出众多本土化的创新成果。

第二节 本书的结构

本书基于可持续发展的视角，就社区旅游的理论研究状况及实践发展进行了系统回顾，就其理论创新方向和实践创新成果进行了研究。全书的主要内容分为六章。

第一章为绪论，主要就可持续发展框架下的社区旅游发展问题进行概述。首先回顾了可持续发展理念及中国的可持续发展进程，其次回顾了旅游业发展状况及其在后疫情时代面临的挑战，最后，就可持续发展框架下社区旅游产生的背景及其意义做了简要介绍。可持续发展理念作

[①] [美]胡里奥·阿兰贝里：《现代大众旅游》，谢彦君译，旅游教育出版社2014年版。

为一项全球共识和最高级别的政治承诺，多年来在世界各国得到了广泛响应。我国政府在经济社会发展中坚持这一理念，为广大发展中国家提供了中国智慧和中国方案。就旅游产业发展而言，秉承可持续发展的理念，不仅体现在对旅游资源科学合理开发利用上，还要鼓励社区参与，尊重利益相关者权益，实现利益分享，以真正体现旅游发展所带来的利益成果。对社区的关注始终是可持续旅游的重要内容和标准。

第二章为社区旅游研究综述，主要就社区旅游的兴起及其中外研究概况进行总结。首先梳理了国内外社区参与旅游的相关研究从"缺失"到"凸显"所经历的几个阶段，指出社区旅游的相关研究是由区域旅游实践发展的需要催生的，而旅游可持续发展的相关研究则为其提供了借鉴。其次，就中外社区旅游研究成果进行了综述。整体来看，社区旅游在国外已经是一个比较成熟的概念，相关研究已经形成体系，且积累了大量有价值的研究成果。特别是众多学者运用实证研究方法进行的大量案例研究，具有相当高的可靠性和可操作性。相比之下，我国对于社区旅游的实践探索和理论研究还处于起步阶段，与国外尚存在较大差距。

第三章就社区旅游理论基础进行论述。首先总结了社区的概念及其分类方法与主要类型；其次就社区旅游概念的内涵进行分析，从旅游规划视角、管理视角和创新理论视角就社区旅游研究的主要理论基础和内容进行了总结和讨论，为后续社区旅游在实践中的发展与创新研究提供理论基础。作为社会学研究范畴的"社区"，在由西方国家向我国传播的过程中，其概念内涵经历了不同语言转化所带来的"异化"及中国特色社区文化特质的丰富和深化，而呈现出一定的中国特色。本书研究视域下的社区作为一种制度结构体，是处于国家与个人之间的一个中间组织层级，是促进社会有机联系和良性运行的重要一环。从内涵来看，社区是指"由居住在某一地域里的人们结成多种社会关系和社会群体，从事各种社会活动所构成的相对完整的社会实体"。[①] 从外在表象来看，社区的构成要素包括"以一定的社会关系为基础组织起来的进行共同生

---

① 叶俊、于海燕：《国内外近年来社区旅游研究进展》，载《桂林旅游高等专科学校学报》2007 年第 18 卷第 2 期，第 272～278 页。

活的人群""一定的地域条件和生活服务设施""特有的文化、制度和生活方式"。[①] 具体到社区旅游研究，本书认为，应从三方面把握社区旅游的内涵：首先，社区旅游是一种不同于大众旅游的可替代性旅游模式，强调遵循可持续发展理念进行旅游开发，保证对社区文化、社会和自然环境不造成破坏性影响，并通过发展旅游业推动旅游者与当地居民间的平等互惠关系，维护当地居民的利益和促进当地经济社会的良性发展。其次，社区旅游的基本特征是"旅游与社区的结合"，且社区在旅游开发中居于主体地位。这主要体现在两方面：一是通过构建社区规划程序认识社区的地方感、保护其独特性；二是强调当地居民的积极参与。最后，社区旅游的发展目标是追求实现旅游目的地社区经济、社会、环境效益的协调统一和最优化。

第四章介绍了社区旅游实践的兴起与发展。首先回顾了社区旅游实践的发展概况，就中外社区旅游实践的异同及其原因进行了总结，其次重点介绍了日本及中国台湾地区的社区营造实践。从社区建设角度看，部分国家和地区率先兴起的社区营造思潮对基于社区的休闲、旅游产业的发展产生了积极影响，而中国（大陆）的社区旅游实践由于历史及社会层面的原因尚未得到全面、深入的开展。从可持续发展视角看待社区旅游，可以广泛借鉴中外社区建设的实践经验，融合旅游业发展的特殊性和区域发展要求，推进社区旅游的发展。而日本及中国台湾地区的社区营造特别注重对传统景观的保护、活化，注重生活空间、生活传统的延续，在数十年的社区营造过程中创造出许多经典案例，可以为我国（大陆）社区旅游发展提供可参考的模式和经验。

第五章就中国乡村社区旅游的可持续发展进行研究。首先介绍了我国城镇化发展及乡村振兴政策背景，然后就特色小镇和田园综合体建设的内涵和发展要求进行总结，最后通过典型案例分析就基于社区的乡村旅游发展要点进行总结。近年来，我国新型城镇化和乡村振兴战略下，特色小镇、田园综合体等实践为没落的乡村发展注入了新的活力，也为以社区为基础的乡村旅游业发展创造了新的契机。在对乡村社区旅游发

---

① 保继刚、文彤：《社区旅游发展研究述评》，载《桂林旅游高等专科学校学报》2002年第13卷第4期，第13~18页。

展路径进行规划时，应从其固有的生态及社会资源入手，兼顾旅游经济发展与当地生态、社会发展的需要，方能实现可持续的旅游发展。

第六章就城市社区旅游休闲产业发展进行研究。首先就城市旅游休闲产业面临的机遇与挑战进行论述，其次以城市旅游目的地的特点及旅游规划的一般原理为基础，提出城市社区旅游的发展机制，主要包括引导机制、决策机制、战略实施机制、评估监控机制、实施保障机制等内容。最后选取典型案例考察了城市社区居民参与旅游开发的程度以及对旅游业影响的感知与态度，以此为基础构建了具有可操作性的城市社区旅游发展模式。

第二章 社区旅游研究综述

从旅游活动自身的要求来看,人们离开自己的惯常居住地前往异地他乡,本身就伴随着从居住地到目的地社区之间的位移。因而,有学者将旅游活动视为"社区之间开展的活动"[1]是有其合理性的。然而,将社区旅游作为一种旅游管理方式,则是伴随可持续发展理念和大众旅游活动的深入发展才出现的。

第一节 社区旅游研究的兴起

由于传统旅游活动以追求最佳经济效益为目标、以旅游景观为吸引力的发掘为工作重心,随着旅游产业规模的壮大和旅游资源开发强度的提升,势必引发对旅游资源的破坏、造成对自然和社会环境的负面影响。要协调旅游开发的经济、生态和社会效益、选择有可能实现可持续发展的可行途径,就成为大众旅游背景下旅游目的地发展的重要课题。而这一课题的重心在于如何协调旅游与社区的关系、使得旅游活动得到旅游目的地社区及民众的支持。在此背景下,致力于旅游目的地社区功能的完善、把社区及其居民作为旅游发展主体的社区旅游逐渐成为旅游研究的重要课题。

孙九霞和保继刚梳理了国内外社区参与旅游发展的研究脉络,认为

---

[1] 唐顺铁:《旅游目的地的社区化及社区旅游研究》,载《地理研究》1998年第17卷第2期,第145~149页。

相关研究从"缺失"到"凸显"经历了几个阶段:[①] 在旅游业发端之初,旅游开发奉行自上而下推行的政府或企业行为,社区及其居民并没有进入研究者的视野;随着旅游业的发展,开发者们对旅游潜在消极影响的认识增加了,并进一步意识到社区是影响旅游发展的重要因素,社区开始被当作旅游规划的要素、旅游规划的方法加以考虑,其目标是整合社区的社会经济生活与旅游产业发展;伴随可持续旅游发展的推进,社区参与作为旅游可持续发展的需要加以考虑,但此时研究者们看重的依然是旅游的发展而非社区的发展;当更主位的视角出现时,社区参与开始作为社区发展的需要纳入进来,社区参与的研究进入实际应用阶段,并出现了对于社区参与的有效性的反思和质疑。

从社区参与旅游发展的研究脉络可以看出,区域旅游实践发展的需要催生了社区旅游的相关研究并推动其深入发展;旅游可持续发展的相关研究则为社区旅游研究提供了借鉴。

由于经济及社会发展阶段不同,我国社区旅游研究从一开始就走在西方发达国家后面。在西方社会,"公众参与"的理念与其民主制度的形成相伴而生,其旅游产业实践更是领先于中国等发展中国家。对大多数发展中国家而言,社区参与的实践开始于二十世纪五六十年代动员和鼓励当地居民参与"社区发展"中基础设施的建设与管理,之后社区参与在发展中国家和地区逐渐得以倡导和实施。然而,我国旅游业发展之初的经济利益导向及实践中对旅游业潜在负面影响认识不足,造成社区参与理念在旅游规划及经营中未能充分体现。在旅游研究中,我国学者对社区与旅游关系的认识落后于西方,虽注重吸收、借鉴西方研究成果,大多却未能结合我国旅游业及社会发展实际进行深入的原创性理论探讨,这造成我国社区旅游相关研究"还处在西方的某个发展阶段上"。[②]

[①][②] 孙九霞、保继刚:《从缺失到凸显:社区参与旅游发展研究脉络》,载《旅游学刊》2006年第7期,第63~68页。

第二节 社区旅游研究概况

一、国外社区旅游研究进展

对旅游产生的社会和环境影响的关注,促使国外学者投身居民与旅游者相互关系的研究,这成为社区旅游研究的切入点。社会学背景的研究者发现,除了少数社区外,绝大部分社区的居民支持当地旅游业的发展,而这种友好的态度主要来自于旅游业发展带给他们的利益。20 世纪 70 年代~80 年代,社区旅游开始成为旅游学科的研究热点。[①] 墨菲于 1985 年出版的《旅游:社区方法》一书较为全面地吸收了这一时期社区旅游的研究成果,成为该领域重要著作之一。

20 世纪 90 年代以后,社区旅游研究进入新的高峰。社区旅游在 1995 年和 1996 年连续两年成为《旅游管理》(Tourism Management)杂志的流行话题,许多学者和研究机构开始重视旅游与社区关系问题的研究。[②③]

为了帮助社区挖掘旅游潜力,美国密苏里哥伦比亚大学在推广社区旅游的基础上,出版了一本社区发展指导书,列出了社区旅游产业发展的三个重要组成部分:社区、吸引物和特别项目以及客源市场。其中,社区的重要性尤为重要:社区不但提供公共服务和基础设施,为当地景点的各类机构提供服务人员和志愿者,为旅游产品和市场的开发提供指导机构,还推出吸引旅游者的产品和项目,并连同社区一起推广到客源市场,体现了社区与客源市场间的互动。1998 年韦尔林(Wyllie, 1998)在《发展中的生态旅游:立足于社区的方法》一书中,通过对

[①] 保继刚、文彤:《社区旅游发展研究述评》,载《桂林旅游高等专科学校学报》2002 年第 13 卷第 4 期,第 13~18 页。

[②] George T, The Community Approach: Does It Really Work? *Tourism Management*, 1995, 7 (16): 487–489.

[③] Marion J, Sustainable Community Tourism Development Revisited, *Tourism Management*, 1996 (17): 475–379.

澳大利亚社区旅游的案例分析,帮助小型社区建立了可行的旅游企业、并指导社区从旅游业中获得最大的长期利润进行了研究。1999年澳大利亚遗产委员会出版的《保护当地的历史遗迹:对社区的指导》一书,则用澳大利亚的例子说明如何立足社区实际,指导社区认识和保护历史遗迹,从旅游业中获得最大的长期利益。① 随着理论研究更趋成熟、实践经验进一步积累,社区旅游研究作为一个"多专业参与的新型交叉学科"② 而得到广泛认可。经过40多年的发展,以目的地社区为研究对象的相关研究已取得了大量研究成果。这些成果主要集中在以下方面:

(一) 旅游对社区的影响研究

对旅游影响的研究由来已久,研究者对社区的关注促使其逐渐将旅游影响的作用对象聚焦于目的地社区及其居民。相关研究主要通过典型案例分析和定量分析,就旅游对社区的经济影响、环境影响和社会文化影响三个方面进行总结。研究结果表明,对于经济发展水平较为落后的目的地,旅游活动对当地居民的经济收入水平和就业机会增加具有积极意义③,也有助于跨文化理解和社区福利条件的改善,但旅游业作为"双刃剑"也会造成社区生活环境恶化、居民间互动减少、文化变质、资源过度使用等负面影响。④ 例如,米尔曼和匹赞姆(Milman and Pizam, 1988)的研究表明,旅游发展可能导致旅游地交通阻塞、商店或其他场所人员拥挤、犯罪率提高,从而干扰旅游地居民的正常生活秩序。⑤ 罗斯(Ross, 1992)的研究认为,旅游发展使社区居民间的交流减少,从而会削弱居民间的友谊。⑥ 对于历史文化遗迹类的目的地而

---

①② [澳] Peter E Murphy and Ann E Murphy:《旅游社区战略管理:弥合旅游差距》,陶犁,邓衡,张兵译,南开大学出版社2006年版。

③ Mark P Hampton, Heritage, Local Communities and Economic Development, *Annals of Tourism Research*, 2005, 32 (3): 735 – 759.

④ Pam Dyer, Lucinda Aberdeen, Sigrid Schuler, Tourism Impacts on an Australian Indigenous Community a Djabugay Case Study, *Tourism Management*, 2003 (24): 83 – 95.

⑤ Milman A, Pizam A, Social Impacts of Tourism on Central Florida, *Annals of Tourism Research*, 1988, 15 (2): 191 – 204.

⑥ Ross G F, Resident Perceptions of the Impact of Tourism on an Australian City, *Journal of Travel Research*, 1992, 2 (3): 13 – 17.

言，旅游活动造成的社会和文化系统破坏现象也客观存在。琳达（Linda，2005）通过对阿拉斯加东南部三个社区的旅游影响进行调查，较为形象地总结了旅游对目的地社区的影响："旅游业不仅是一只会下金蛋的鹅，还会弄脏自己的巢"。[1] 研究者还就旅游经济收益在目的地社区的分配进行研究。例如，沃波尔等（Walpole and Goodwin，2000）对印度尼西亚国家公园的调查发现，旅游经济收益的分配偏向于外部经营者而非当地居民。[2]

（二）社区居民对旅游影响的感知与态度

社区居民对旅游影响的感知与态度一直是社区旅游研究的热点和重要方面。相关研究表明，对于旅游活动产生的影响，社区居民的感知存在明显差异[3][4][5]，而影响社区居民对旅游影响的感知与态度的因素是复杂多样的。相关研究表明，旅游目的地的发展阶段、居民自身特征不同，会造成居民对旅游影响的感知差异。例如，阿克斯（Akis，1996）[6]、史密斯（Smith，1998）[7] 等验证或部分修正了巴特勒理论所提出的随着旅游业的发展居民的负面感知增加的结论，普渡（Perdue，1999）[8] 则调查了美国3个在不同时期引入博彩业的社区，发现当地居民经历了由消极到积极的旅游影响感知历程。霍恩和西蒙斯（Horn and

---

[1] Linda E K, Community and Landscape Change in Southeast Alaska, *Landscape and Urban Planning*, 2005 (72): 235 – 249.

[2] Matthew J. Walpole, Harold J. Goodwin, Local Economic Impacts of Dragon Tourism in Indonesia, *Annals of Tourism Research*, 2000, 27 (3): 559 – 576.

[3] Randall S. Upchurch, Una Teivane, Resident Perceptions of Tourism Development in Riga, Latvia, *Tourism Management*, 2000 (21): 499 – 507.

[4] Kreg L, Tommy D. Andersson, Benedict G. C. Dellaert. Tourism Development Assessing Social Gains and Losses, *Annals of Tourism Research*, 2001, 28 (4): 1010 – 1030.

[5] Ray G. Community Perceptions of Environmental and Social change and Tourism Development on the Island of Koh Samui, Thailand, *Journal of Environmental Psychology*, 2005 (25): 37 – 56.

[6] S Akis, N Peristianis, Warner J, Residents' Attitudes to Tourism Development: the Case of Cyprus, *Tourism Management*, 1996, 17 (7): 481 – 494.

[7] M Smith, Tourism Dependenceand Resident Attitudes, *Annals of Tourism Research*, 1998, 5 (4): 783 – 802.

[8] Perdue R R, Long P T, Kang Y S, Boomtown Tourismand Resident Quality of Life: The Marketing of Gaming to Host Community Residents, *Business Research*, 1999 (44): 165 – 177.

Simmons，2002）比较了新西兰的两个典型旅游地，发现社区经济对旅游依赖程度、旅游者的可见性、社区委员会的管理方法和效率、社区居民对社区控制旅游业的认知、旅游业的发展速度和历史进程等都影响居民对旅游业的态度。[①]

相关研究发现，社区居民对旅游业的态度直接影响到他们对旅游业的支持。例如，孔东焕（Koa，2000）通过结构模型分析居民获利、旅游影响感知、社区满意度、支持旅游发展五者之间的相关性。[②] 谷索尔（Gursoy，2002）对美国5个旅游目的地的调查显示，社区关注、生态价值、使用旅游资源的权力、旅游发展的收益与损失感知是影响社区支持旅游业的主要因素。[③]

一些学者以居民旅游感知研究为基础，进而提出了解决社区旅游发展问题的建议和对策。帕姆代尔等（Palmdale et al.，2003）调查了澳大利亚居住在昆士兰州巨石公园附近的土著居民对旅游业影响的感知，发现尽管居民从社区参与旅游业中获利，同时也面临着文化退化、社区的剥削等不良影响，提出的建议包括严格执行协议，管理者、社区成员和社区之间的有效沟通等。[④]

（三）社区旅游的发展与管理

社区旅游如何合理开发与管理，是近年来国外研究比较活跃的方面。其中，社区参与为国外学者所积极倡导。国外学者非常强调社区参与的重要性，例如，伦弗德和霍华德（Lankford and Howard，1994）等指出当地居民一旦参与了社区的各种活动，他们就会更加支持社区的变迁及发展，而忽略或缺乏地方居民参与，则会导致居民对旅游发展的反

[①] C Horn, D Simmons, Community A daptation to Tourism: Comparisons between Rotorua and Kaikoura, New Zealand, *Tourism Management*, 2002 (23): 133 – 143.

[②] Dong-wang Koa, W P Stewart. A Structural Equation Model of Residents' Attitudes for Tourism Development, *Tourism Management*, 2002 (23): 521 – 530.

[③] D Gursoy, C Jurowski, M Uysal, Resident Attitudes a Structural Modeling approach, *Annals of Tourism Research*, 2002, 29 (1): 79 – 105.

[④] Palmdale L et al., Tourism Impacts on an Australian Indigenous Community a Djabugay Case Study, Tourism Management, 2003, 24 (1): 83 – 95.

对，削弱他们对旅游者的容忍度。[1] 阿曼达（Amanda，2000）的研究表明，当地居民一旦参与旅游开发，他们就会按照游客的期求来主动保护自然资源、环境和当地的传统文化。[2]

同时，学者们还就参与程度、参与影响因子、参与形式等方面进行了探讨。在参与程度研究上，里贾那（Regina，1999）认为当地居民对旅游开发要进行全方位参与，即从经济、心理、社会、政治等多方面参与旅游开发，这样才能分享旅游开发所带来的各种利益。[3] 但玛沙（Martha，1999）通过比较研究发现，在不同的国家和地区，当地社区参与旅游开发的程度存在很大差别。[4] 在影响因子分析上，克里斯和戴维（Chrys and David，2002）比较了新西兰两个旅游社区的参与情况，发现社区参与依赖于社区的历史、地理状况以及地方控制力。[5]

二、国内社区旅游研究进展

在对国内社区旅游的相关研究成果进行文献分析的基础上，按照不同时期的成果数量和研究特点，可以把我国的社区旅游研究划分为三个阶段：[6][7]

第一阶段：研究起步阶段（1998～2003年）。少数学者借鉴国外社区旅游研究成果，就社区旅游的概念及其在区域旅游可持续发展中的作

---

[1] Lankford S V, Howard D R, Developing a Tourism Impact Attitude Scale. *Annals of Tourism Research*, 1994 (21): 121-139.

[2] Amanda S, "*Because It Is Ours*": *Community-based Ecotourism in the Peruvian Amazon University of Florida*, 2000.

[3] Regina S, Ecotourism and the Empowerment of Local Communities. *Tourism Management*, 1999 (20): 245-249.

[4] Martha H, Ecotourism and Sustainable Development: *Who Owns Paradise?*, Washington DC: Island Press, 1999.

[5] Chrys H, David S, Community Adaptation to Tourism: Comparisons between Rotorua and Kaikoura, NewZealand. *Tourism Management*, 2002 (23): 133-143.

[6] 徐虹、张行发：《国内社区参与旅游研究回顾与展望——基于CiteSpace和Vosviewer的知识图谱分析》，载《西南民族大学学报（人文社会科学版）》2021年第8期，第219～228页。

[7] 刘丽梅、吕君：《中国社区参与旅游发展研究述评》，载《地理科学进展》2010年第29卷第8期，第1018～1024页。

用进行理论探讨和辨析,自此社区旅游研究逐渐引起我国学者注意。例如,唐顺铁较早全面阐明了旅游社区、社区旅游的概念和特点以及社区旅游的开发原则;① 刘纬华从社区参与的角度出发,总结了社区旅游发展的基础理论。② 总体来说,这一阶段的研究内容较为宏观且研究问题较为分散。

第二阶段:研究快速增长阶段(2004~2008年)。保继刚、孙久霞、左冰等一批学者就社区参与旅游的模式、参与机制、路径及规划方法进行定性研究,研究视角从宏观开始转向微观,研究问题如社区参与视角下的旅游规划、旅游产品开发、社区增权问题等更加贴近我国旅游业发展实践,多学科融合下进行的案例研究使国内相关研究具备了一定的广度和深度。

这一阶段的理论研究方面,叶俊介绍了基于社区的旅游规划方法(community-based tourism planning, CBTP),提出了相应的规划思路。③ 余向洋对社区旅游发展的原则进行了总结,并就社区营造模式进行了分类;④ 魏敏、颜亚玉基于利益相关者视角就社区旅游发展的基础理论进行了研究;⑤ 学者们普遍认为,旅游决策"不仅要考虑商业利益,更要考虑它赖以生存的目的地社区的长远利益";旅游业应该被视为"资源产业",这就意味着"旅游业在依靠目的地社区发展的同时还要回报社区,只有这样旅游业和目的地社区才能形成长期的互惠互利的伙伴关系"。⑥

一些学者开展案例研究,特别关注了少数民族地区、古村落和历史文化遗产开展社区旅游的意义和方法,强调居民是案例地的利益群

---

① 唐顺铁:《旅游目的地的社区化及社区旅游研究》,载《地理研究》1998年第17卷第2期,第145~150页。
② 刘纬华:《关于社区参与旅游发展的若干理论思考》,载《旅游学刊》2000年第15卷第1期,第47~52页。
③ 叶俊:《基于社区的旅游规划方法》,载《热带地理》2009年第29卷第2期,第161~166页。
④ 余向洋:《中国社区旅游模式探讨——以徽州古村落社区旅游为例》,载《人文地理》2006年第5期,第41~45页。
⑤ 魏敏、颜亚玉:《基于利益相关者视角的社区旅游发展模式研究》,载《统计与信息论坛》2008年第6期,第35~39页。
⑥ 肖玲:《社区旅游发展机制研究》,第二外国语学院硕士学位论文,2006年,第11~18页。

体，居民参与和支持是目的地可持续发展的重要因素。例如，孙九霞从传统文化保护视角指出社区参与可以强化社区居民的自我意识，增强社区认同感，促进传统文化的延续。[1] 武魏魏也认为社区参与是保护民族文化的一种有效策略，可以作为"新时期区域旅游规划的新导向"。[2] 李强和陈文祥指出，少数民族社区旅游的产业化与城镇化是一种互动关系。[3] 刘旺和王汝辉运用文化权理论对少数民族社区旅游发展进行了研究；[4] 余向洋对古村落的社区旅游发展模式进行了实证研究。[5]

第三阶段：研究的稳步深入阶段（2009年至今）。这一阶段尽管社区旅游的研究成果数量呈现增速放缓趋势，研究问题却得以进一步聚焦，且出现了更多新的研究热点，如社区参与视角下的乡村旅游和生态旅游发展、社区居民感知及其参与行为和机制、社区增权、社区利益相关者的矛盾冲突和利益协调等问题。例如，保继刚、左冰等学者在此阶段创新性地提出了吸引物权的概念来进一步解决社区利益相关者的矛盾冲突问题，并提出通过制度性增权来解决社区居民制度性"无权"和"去权"状况，改革我国集体土地所有制等。[6][7] 整体来说，相关研究越来越聚焦于居民的发展和利益问题，居民问题成为关注的对象和主流，研究热点问题呈现出从宏观视野到微观聚焦的转变态势。在研究方法上，以结构方程模型为主的定量研究方法成为主流，一定程度上突破了之前以民族志、访谈等定性研究方法为主造成的研究局限。

---

[1] 孙九霞：《社区参与旅游对民族传统文化保护的正效应》，载《广西民族学院学报（哲社版）》2005年第4期，第35~40页。

[2] 武魏魏：《实施社区参与弘扬民族文化》，载《桂林旅游高等专科学校学报》2003年第4期，第55~58页。

[3] 李强、陈文祥：《少数民族旅游发展中社区自主权的思考》，载《贵州民族研究》2007年第27卷第2期，第21~25页。

[4] 刘旺、王汝辉：《文化权理论在少数民族社区旅游发展中的应用研究——以四川省理县桃坪羌寨为例》，载《旅游科学》2008年第22卷第2期，第63~68页。

[5] 余向洋：《古村落社区旅游的另一种思路——借鉴台湾社区营造经验》，载《黄山学院学报》2005年第7卷第5期，第42~44页。

[6] 保继刚、左冰：《为旅游吸引物权立法》，载《旅游学刊》2012年第7期，第11~18页。

[7] 左冰、保继刚：《制度增权：社区参与旅游发展之土地权利变革》，载《旅游学刊》2012年第2期，第23~31页。

回顾我国社区旅游的研究历程，可以发现相关研究呈现出几个特点：

首先，就研究对象而言，我国早期研究关注欠发达地区的社区旅游，如周玉翠、[①] 石正方和刘继生[②]实例分析了欠发达地区社区旅游的开发模式，随着研究深入，研究对象逐渐集中于民族村寨、古村落、历史文化遗迹、国家公园及乡村地区，对广大城市社区的研究相对较晚，且成果较少。现有城市社区旅游研究成果主要针对北京[③]、上海[④⑤]、成都[⑥]等大型城市或苏州[⑦]等旅游资源丰富的旅游城市。尽管学者们对城市发展社区旅游的前景普遍看好，其研究的系统性和深度仍有待提高。

研究对象的分布特点体现了我国旅游研究对现实问题的回应。民族地区是旅游资源的重要载体，社区参与旅游是民族地区自身发展的需要，有助于增强民族认同感和居民对旅游产业发展的支持。另外，随着脱贫攻坚战的胜利和乡村振兴战略的推进，乡村旅游成为乡村重要的产业形态，乡村居民参与更是成为脱贫致富的重要路径，因此，乡村成为社区旅游案例研究的热点案例地。除此之外，国家高度重视对国家公园的建设，相继出台了《建立国家公园体制总体方案》等系列政策。社区居民是国家公园的关键利益相关者，国家公园旅游只有让社区受益、满意且参与管理，管理目标才能够实现，因此也推动了国家公园成为该领域研究的热点案例地。

---

① 周玉翠：《欠发达地区社区旅游研究——以湖南省邵阳市为例》，载《地域研究与开发》1999 年第 18 卷第 3 期，第 74~76 页。

② 石正方、刘继生：《经济欠发达地区旅游开发模式研究》，载《旅游学刊》2000 年第 6 期，第 19~23 页。

③ 时少华、宁泽群：《城市景区社区一体化中居民参与旅游发展的困境、成因与路径选择——以北京什刹海旅游社区为例》，载《华侨大学学报（哲学社会科学版）》2014 年第 1 期，第 45~51 页。

④ 汪宇明、程怡、龚伟等：《都市社区旅游国际化的"新天地"模式》，载《旅游科学》2006 年第 20 卷第 3 期，第 36~42 页。

⑤ 曹阳：《上海都市社区旅游发展模式研究》，上海师范大学硕士学位论文，2013 年。

⑥ 陈爱：《城市社区旅游开发研究——以成都宽窄巷子社区为例》，四川师范大学硕士学位论文，2010 年。

⑦ 孙剑冰：《从"文化标本"到"文化生活"——以苏州古典园林为资源的社区旅游发展模式研究》，载《旅游科学》2012 年第 26 卷第 4 期，第 1~7 页。

其次，就研究内容而言，我国的社区旅游研究涉及旅游人类学、文化旅游、可持续发展、旅游开发等领域，从一般的理论原则逐渐聚焦于社区居民，关注居民的态度和行为。上述研究热点的出现与我国旅游业发展实践进程密切相关。居民自身参与能力低下、参与意识淡薄和外部参与制度的不健全导致了社区利益相关者矛盾冲突加剧，使得居民失权和利益分配不公平的现象频发，影响了社区旅游业的可持续发展。越来越多的学者开始认识到应聚焦于居民是旅游目的地的主人，对居民行为和情感态度方面开展研究，不断探讨有序的社区参与机制和公平的利益分配问题。

最后，就研究方法而言，我国的社区旅游研究从最初的一般性理论研究逐渐向案例研究和实证研究过渡。相对于一般性的理论研究，运用案例研究和实证研究所得出的研究结论针对性更强，具有更高的可靠度。当然，相对于国外研究，我国学者在案例和实证研究的数量、深度上还有待提升。尤其值得一提的是，国外学者在研究过程中实地考察分析了大量的案例，诸如居民对旅游业的态度与社区性质以及居民个人特征之间存在密切相关、旅游发展会对社区内部结构形成冲击、政府在社区旅游发展中的具体职能角色等，都得到了许多学者不同角度的证实。除了众多具体研究成果之外，国外学者的贡献还突出地表现在运用了经济学、地理学、社会学、人类学、心理学等多种学科理论来解释社区旅游各种现象，为今后的深入研究创造了良好的方法论基础；同时，其在实地考察中的样本选择、调查访谈、数据处理等技术方法也有助于实证研究的广泛开展。

总体来看，社区旅游在国外已经是一个比较成熟的概念，相关研究已经形成体系，且积累了大量有价值的研究成果。特别是众多学者运用实证研究方法进行的大量案例研究，具有相当高的可靠性和可操作性。相比之下，我国对于社区旅游的实践探索和理论研究还处于起步阶段，与国外尚存在较大差距。这突出表现在以下两个方面。一方面，尽管学者们对于社区参与在旅游发展中的重要作用等问题已经达成了相当一致，但涉及的研究领域较为狭窄，且多数研究只是在宏观上探讨社区旅游的内涵、意义、限制性因素及对策，远未在理论和实践运用上达到系统化。特别是对于真正涉及社区旅游规划具体内容的研究相对薄弱；如何针对不同类型社区的旅游资源和生活特点构建出具有可操作性的社区旅游发展模式，更是缺少个案积累。另一方面，我国社区旅游研究者的学科背景较为单一，这使得对研究结果的进一步分析处理缺乏多样化的形式和方法。

第三章　社区旅游理论基础

本章就社区旅游发展的理论基础进行论述。首先总结了社区的概念及其分类方法与主要类型；其次就社区旅游的内涵进行分析，从旅游规划视角、管理视角和创新理论视角就社区旅游研究的主要理论基础和内容进行了总结和讨论，为后续社区旅游在实践中的发展与创新研究提供了理论基础。

第一节　社区的概念及分类

一、社区的概念

社区聚集及社区居民的生活品质提升，是社会生活中的常见话题。然而，尽管"社区"一词使用普遍，但其在宗教、哲学和历史等研究领域中所呈现出的含义却十分复杂。即便从字典中寻求释义，对其阐述角度之多亦令人难以把握重点。对此，巴克汉姆（Barkham，1973）曾用"形式简单，意义复杂，难以阐述"[1] 来描述人们对"社区"一词的认识。

---

[1] Barkham P J, Recreational Carrying Capacity: A Problem of Perception [J]. *Area*, 1973, 5 (3): 218-222.

（一）社区概念的提出及本土化

德国社会学家滕尼斯在 1887 年出版的代表作《共同体与社会——纯粹的社会学的基本概念》一书中，第一次提出了社区的概念，并与社会概念相区分。他认为社区是通过血缘、邻里和朋友关系建立起来的"共同体"，包含血缘社区、地理社区与精神社区三种类型。"人们在共同体里与同伴一起，从出生之日起，就休戚与共、同甘共苦"，从而强调了社区成员间形成的亲密关系、共同的精神意识以及归属感和认同感。[1]

20 世纪 20 年代~30 年代，以都市社区研究著称的美国芝加哥大学社会学派赋予了社区更多的"地域性"含义，指出了社区的三个基本要素，"一是有按区域组织起来的人口；二是这些人口不同程度地与他们赖以生息的土地有着密切的联系；三是生活在社区中的每个人都处于一种相互依赖的互动关系中"。[2] 以帕克为首的芝加哥学派不仅扩大了社区相关研究在美国社会学界的影响，也推动了德文"Gemeinschaft"对译为英文"Community"。1957 年芝加哥大学再版由卢米斯于 1940 年首译的滕尼斯著作英文译本，正式将标题定为"Community and Society"，自此"Community"成为英语世界"社区"一词的通常译法。

中国早期的社区研究深受美国芝加哥学派和英国人类学功能学派的影响，主张通过大量的社区实地调查考察中国社会。[3] 1933 年，深受吴文藻社会学中国化影响的一批以费孝通为代表的燕京大学学生在翻译帕克著作时，将"Community"译作"社区"，并将其与"社会"一词相区别。吴文藻在《现代社区实地研究的意义和功用》一文中指出，"社会是描述集合生活的抽象概念，是一切复杂的社会关系全部体系之总称。而社区乃是一地人民实际生活的具体表词，它有物质的基础，是可以观察得到的。"同时，他认为社区至少要包括三个要素：一是人民；

---

[1] [德] 斐迪南·滕尼斯：《共同体与社会：纯粹社会学的基本概念》，林荣远译，商务印书馆 1999 年版。

[2] [美] 帕克、[美] 麦肯齐：《城市社会学：芝加哥学派城市研究文集》，宋俊岭、吴建华译，华夏出版社 1987 年版。

[3] 陈鹏：《"社区"概念的本土化历程》，载《城市观察》2013 年第 6 期，第 169 页。

二是人民所居住的地域；三是人民生活的方式或文化。"[1]

(二) 社区概念阐释

社区概念提出后得到了广泛应用，不但作为学术术语受到不同研究领域学者们的多方阐释，还作为常用语汇被社会大众进行解读。例如，美国知名企业家、The Body Shop 公司的创始人罗迪克（Roddick，2000）曾在其著作中引用神学家福克斯对社区的阐释——"社区"一词来源于单词"共享"，意思是大家共同分担一项任务，由此强调社区的作用和能力。[2] 澳大利亚词典《麦夸里词典》中，则把社区定义为"它是任何规模的社会团体，其成员往往住在一个特定的地点，有共同的政府部门，有一定的文化和历史传承"。[3] 这种阐释使社区的内涵更为复杂、外延也更为模糊。乔普（Joppe，1996）认为，社区是一个建立在分享共同理想基础之上的、能够进行自我定义且反映出一定地理特征和空间关系的术语，从而为社区概念融入了新的理念。据美籍华裔社会学家杨庆堃统计，截至 20 世纪 80 年代，学者们对社区概念做出的阐释已多达 140 多种。[4]

显然，在学术研究中回归社区的定义和功能，对其进行准确阐释是十分必要的。总体来看，社会学家对社区的定义可以分为四类：区位论、文化论、互动论和系统论。[5] 其中，区位论将社区视为一种空间现象或地域单位。例如，帕克认为，"社区是按区域组织起来的人口，这些人口不同程度地与他们赖以生息的土地有密切的联系，生活在社区中的每个人都处于一种相互依赖的互动关系"。[6] 文化论认为社会背景、生活阅历和个人经历会形成彼此认同的"文化圈"，而文化圈是构成社区的关键因素。例如，费舍尔提出，社区并不一定要以同一地区共同生

---

[1] 吴文藻：《论社会学中国化》，商务印书馆 2010 年版。
[2] Roddick A, *Business As Unusual: the Triumph of Antia Roddick and the Body Shop.* London: Thorsons, 2000.
[3] Delbridge A, *The Macquarie Dictionary* (3rd edn). Sydney: The Macquarie Library, 2001.
[4] 徐永祥：《社区工作》，高等教育出版社 2004 年版。
[5] 季铁：《基于社区和网络的设计与社会创新》，湖南大学博士学位论文，2012 年。
[6] ［美］帕克、［美］麦肯齐：《城市社会学：芝加哥学派城市研究文集》，宋俊岭、吴建华译，华夏出版社 1987 年版。

活为前提，社会背景、生活阅历或个人经历会让人们形成彼此认同的"文化圈"，而这正是构成社区的关键。互动论认为，社区是"人们在一定位置上的互动和由这种互动而产生的群体"，从而将社区居民间的互动行为及其与家庭、宗教、政治、文化和经济制度的关系作为研究重点。例如，布鲁纳认为社区是指在共同区域基础上，人们产生互动行为，拥有地方性文化和观念，致力于共同解决社会问题、促进生活环境的改善，自发性地解决社会生活中的多种问题。系统论着重从社会制度、组织等方面研究社区。例如，齐美尔认为，社区是社会和社会制度的最小单位，社会可以被分解到社区的层次上；戴维斯则提出，社区是最小的人群的地域单位。这一地方团体包括各种主要的社会制度、社会职位和社会利益，而且成为一个完整的社会。①

墨菲更深入地描述了社区存在的三个普遍特性：社会功能的内聚性、空间背景的相关性和外部承认。其中，社会功能的内聚性表现为人们基于社区利益而不断聚集到一起、通过相互协作改进社会和自然环境从而满足自身需要。空间背景的相关性表现为居民基于社会经济状况的相似性而认识到彼此之间的某种联系，或是对某个边界清晰且容易辨认的空间功能单元的发展有着同样的想法，从而在此地区形成聚居现象。外部承认表现为社区的自主权得到其他人的承认，从而得以保留其地理特征和生活方式，并在某种程度上增强社区的实力。墨菲（Murphy，2006）认为，正是生活在同一特定的地理范围内，在经济活动、生活方式、文化传承乃至基本利益等方面具有近似或一致性的居民，构成了"社区"这一体现一定人际交往模式的社会空间。②

在我国多数相关研究中，社区定义往往强调"区位"因素，以之为依托，发挥"文化""互动""系统"等要素作用。例如，由费孝通主编的我国第一本大学教材《社会学概论》将社区概念表述为"若干社会群体（家庭、氏族）和社会组织（机关、团体）聚集在某一地域里，形成一个生活上相互关联的大集体"。我国第一部《大百科全书》

---

① 丁元竹：《社区的基本理论与方法》，北京师范大学出版社2009年版。
② ［澳］Murphy P E and Ann E Murphy：《旅游社区战略管理：弥合旅游差距》，陶犁、邓衡、张兵译，南开大学出版社2006年版。

中，社区是指"以一定地理区域为基础的社会群体"。[1] 对地域和区位的强调与我国早期社会学研究中将"社区研究"作为一种开展实地调查的方法论具有很大关系。

综合多方观点，社区研究的社会现象是人们发生在社会交往中的行为和概念。我们可以从以下层面理解社区概念：社区是基于地域的人类生活共同体；具有组织、群体和个人多个层面；这些人群基于一定规范产生生活、文化、利益等方面的社会关系；社区作为有机综合体，促使社会关系产生新的结构、新的性质，呈现出新的趋势。

二、社区的类型

鉴于社区本身是一个综合自然和人文因素的复杂地域综合体，建立准确的社区类型指标体系较为困难，然而这种分类对于开展系统的社区研究具有重要意义。

（一）早期的社区分类

时间（演化）和空间（地域）是早期社区分类的常见标准。孙峰华和唐明达早在1993年就对社区分类进行了研究。[2] 他们提出，按照社区的演化历史，社区可分为传统社区、发展中社区和现代社区（发达社区）。其中，传统社区是指历史上的一些古老落后的社区形态及其延存，仍保留传统的生产和生活方式，目前在发达国家和我国大部分地区已不多见。现代社区表现为城乡一体化，特别是乡村生活便利性极高，主要存在于一些发达国家。目前我国整体表现为传统社区与现代社区并存、以发展中社区为主的分布状况。

按照社区的空间特征分类，社区可以分为空间性社区和非空间性社区两类。空间性社区是指具有明显地域空间的社区，又可以细分为自然社区、法定社区和专能社区三类。其中，自然社区是指如城市、村落、

---

[1] 杨秋月：《基于社区的设计与社会创新》，湖南大学硕士学位论文，2011年。
[2] 孙峰华、唐明达：《社区及其研究途径》，载《新疆大学学报（哲学社会科学版）》1993年第4期，第55~59页。

自然镇、集居民族等人类在生产和生活中自然形成的地域空间；法定社区是指地理界限可以明确地标示在地图上并以法律形式加以规定的地方行政区；专能社区是指人们从事某些专门活动而形成于一定地域空间上的聚集区，如一所学校、一座军营或者类似美国唐人街那样的居民生活区。非空间性社区是指没有明显的地域空间，但社区人口具有共同的成员感和归属感、具有某些共同的价值观、生活方式和信仰的精神或心理社区，例如遍布世界各地的某些宗教徒频繁进行宗教交往活动而形成的宗教社区，或是某些职业社区、种族社区及散居民族等。

雷德菲尔德将基于地域联系的社区分为乡村社区和城市社区两类。此后其他学者的研究进一步表明这种区分是有价值的。例如，曾旭正在论及中国台湾地区社区营造的城乡差异时指出，城市与乡村居民对于社区认同感存在明显差异：多元化的城市社区希望借由社区营造建立认同感，让居民成为彼此熟悉有归属感的一群人；而乡村社区的社区认同感原本存在，但因为经济衰落与大量劳动力的外流使邻里关系逐渐淡化，希望通过社区召唤回原有的社区认同感。[1] 莫筱筱等在总结台湾地区社区营造的经验时，也指出台湾地区的乡村和城市社区在面临的主要问题和凝聚难易程度上有着较大的差异，因此呈现出有区别的营造主题。[2]

杨秋月从地域、人口、组织和文化四个方面总结了乡村社区和城市社区的主要区别：[3] 乡村社区通过土地、地理位置和地域范围来体现；其人口数量较少、密度较低，且人口流动性较低而同质性较高；以家庭为组织单位，组织结构和形式较为简单；注重维护和延续传统，注重家庭与邻里关系、注重血缘与宗族关系，相对较为排外、保守。而城市社区的自然地理位置和生态环境更具有区位优势；其人口数量较多、密度较大，且人口质量较高、人口流动性大，异质性高；具有以地缘和利益为基础、多样化、依靠理性企业和法理力量治理的社群特征，也具有数量多、类型复杂、功能专业化、科层制度严密的组织特征；文化表现为

---

[1] 曾旭正：《台湾的社区营造》，台湾远足文化事业股份有限公司，2007。
[2] 莫筱筱、明亮：《台湾社区营造的经验及启示》，载《城市发展研究》2016年第23卷第1期，第91~96页。
[3] 杨秋月：《基于社区的设计与社会创新》，湖南大学硕士学位论文，2011年。

理性化和多元化，不同城市社区间文化差异明显，"住所认同"与"社区认同"分离。

不同于乡村社区和城市社区之间较为显著的差异性，20世纪40年代，费孝通又结合我国国情，从城市中分离出"城"和"镇"的概念，提出城市社区和城镇社区。城镇社区作为乡村社区和城市社区间的过渡状态，兼具了二者的某些特征。

（二）社区类型的演进

随着时代发展，乡村社区和城市社区在经济、社会发展的推动下不断发生演变。特别是在中国，经济的巨大发展及城乡一体化进程加快，促使中国社会的社区发展状况呈现出新的特点。

就乡村社区而言，许多传统上以农业生产为主要经济来源的地域，正向多元化经济结构转型；其他产业形式，如工业或旅游服务业逐渐在农村经济中占据更大比重。经济结构的变化推动我国乡村社区的人地关系和社会关系发生变化。费孝通早期在对乡土社会关系的研究中将中国农村社会关系总结为"差序格局"的社会，认为中国的乡土本色是不流动性，且这种不流动性形成了乡村地区缺乏变动的文化。[1]然而，近30年来中国城乡地域间大规模的人口流动已经在很大程度上改变了农村地区的人地关系，且带来农村地区生产方式、居住方式、消费方式乃至家庭成员间代际关系的剧烈转变，许多的农村社会已经由"熟人社会"转变为"半熟社会"，甚至是"陌生人社会"。

另外，发达国家人口老龄化、全球经济衰退带来的失业率升高、日益严重的社会分化、生活环境恶化等造成的焦虑感、压迫感和孤独感，使地区意识、共享空间、社会认同逐渐消弭。这些进一步造成了城市社区发展中的诸多矛盾冲突。

中国特色社会主义道路下我国城市社区的演变历程具有不同于西方发达国家的特点。早在计划经济时代，我国城市社区的基本组织主要由居民委员会和街道办事处两部分组成。此时虽然"社区"并未作为社会治理中的概念出现，却作为一种社会现象客观存在着。1987年，民

---

[1] 费孝通：《乡土中国》，人民出版社2008年版。

政部倡导在城市开展以民政对象为服务主体的社区服务，"社区"概念第一次正式进入政府的官方文件。20世纪90年代以来，国家领导人多次强调加强社区建设，推动了我国城市社区的建设潮流，国内出现了"江汉模式""百步亭模式""沈阳模式"等一批城市社区自治典型。2000年，《民政部关于在全国推进城市社区建设的意见》（以下简称《意见》）的出台和实施成为我国城市社区建设的一个关键分水岭，标志着中国城市社区建设步入了整体推进、全面拓展的发展阶段。[1]《意见》首次对社区概念作出明确的官方权威阐释："社区是指聚居在一定地域范围内的人们所组成的社会生活共同体。目前城市社区的范围，一般是指经过社区体制改革后作了规模调整的居民委员会辖区。"从上述表述中可以看出，我国政策中的城市社区内涵完全是社会学意义上的社区定义，但其范围界定更接近中国社区内涵的本相，即"中国城市社区不是自然形成的，而是在行政区划关系上建立起来的，是城市行政区划或城市行政管理的延伸"。[2]在我国城市治理中，城市社区已成为自上而下建构起来的国家治理单元，是基层国家政权建设的一个重要组成部分。[3]

乡村社区和城市社区的演变体现了"社区"作为社会学概念和研究范畴的动态性，也为当前社区的研究不断提供新的素材。事实上，回归社区的定义可以发现，作为研究对象的社区可以归纳为两种类型，一类强调社区的地域性，是依附在一定物理空间之上的，在生活实体层面上有制度、组织规范的区域；另一类在强调地域上的重合之外，更强调社区在生活、心理、精神层面的互动和共同体意义。随着经济和社会发展水平的提高，特别是互联网技术广泛应用于社会生活和生产，人类社会大步迈进信息社会，人与人之间的地域界限进一步被打破，这种巨大变化促使社区的类型、功能和内部结构越来越复杂。

早在1968年，美国心理学家和计算机科学利克莱德在其论文《作

---

[1] 陈鹏：《"社区"概念的本土化历程》，载《城市观察》2013年第6期。
[2] 杨淑琴、王柳丽：《国家权力的介入与社区概念嬗变——对中国城市社区建设实践的理论反思》，载《学术界》2010年第6期，第167~173页，第287页。
[3] 杨敏：《作为国家治理单元的社区——对城市社区建设运动过程中居民社区参与和社区认知的个案研究》，载《社会学研究》2007年第4期，第137~164页，第245页。

为通信设备的计算机》中阐述了他对网络应用的设想,并预言使用计算机网络来连接的社区的出现。他指出社区网络的三个关键要素:社区成员在地域上的分离,在时间上的间歇性协作,社区成员在兴趣(关注点)上的一致。

莱茵戈德(Rhcingold,2008)在其著作《虚拟现实、虚拟社区》中提出了虚拟社区的概念,认为虚拟社区是一群人通过网络技术进行信息交流互动的场所,在这个网络平台上,网络上彼此交流的用户可能素未谋面,也可能在现实中就认识。此后,不同学者又先后发展出在线社区、电子社区、互联网社区、网络社区等提法。徐小龙和王方华认为,相对于传统社区,虚拟社区的本质特征体现在几个方面:虚拟性、非地域性、非时间性和开放性。[1] 其中虚拟性是指社区成员一般采用匿名虚拟的身份,隐瞒自己在现实生活中的真实社区特征;非地域性是指社区成员的来源具有跨地域的特征,且成员间的交流不受地理空间的限制;非时间性是指虚拟社区允许成员间任意时间的交流,且交流过程和结果更易跨时间保持和延续,从而突破了传统社区对同一时空的要求;开放性是指社区成员不分信仰、种族、国籍,基于自主选择可几乎不受限制地加入和离开虚拟社区。

综合社区的定义,季铁认为虚拟社区与传统社区在社区成员连结、交流方式、社会结构与社会功能等方面也在存在差异,同时,虚拟社区与传统社区也具有共同之处,这主要表现在"社会互动"和"心理连结"两方面(见图3-1)。"由于虚拟社区的成员都一定处在某种形式的传统社区中,传统社区中的各种观念规范会渗透到虚拟社区并得以体现,同时虚拟社区也通过社区成员的真实生活将其精神、准则、规范、文化渗透到现实世界中",因此两者必然会存在联系。[2] 由于电脑媒介沟通相对于面对面沟通具有局限性,将虚拟社区与真实社区结合起来的社区是"更加有效的社区",[3] 徐小龙则认为,从理论上来说,"虚拟社

---

[1] 徐小龙、王方华:《虚拟社区研究前沿探析》,载《外国经济与管理》2007年第9期,第10~16页。
[2] 季铁:《基于社区和网络的设计与社会创新》,湖南大学博士学位论文,2012年。
[3] Etzioni A and Etzioni O, Face-to-face and Computer-mediated Communities: A Comparative Analysis. *The Information Society*, 1999 (15): 241–248.

区发展到一定阶段有可能向真实社区转化"。①

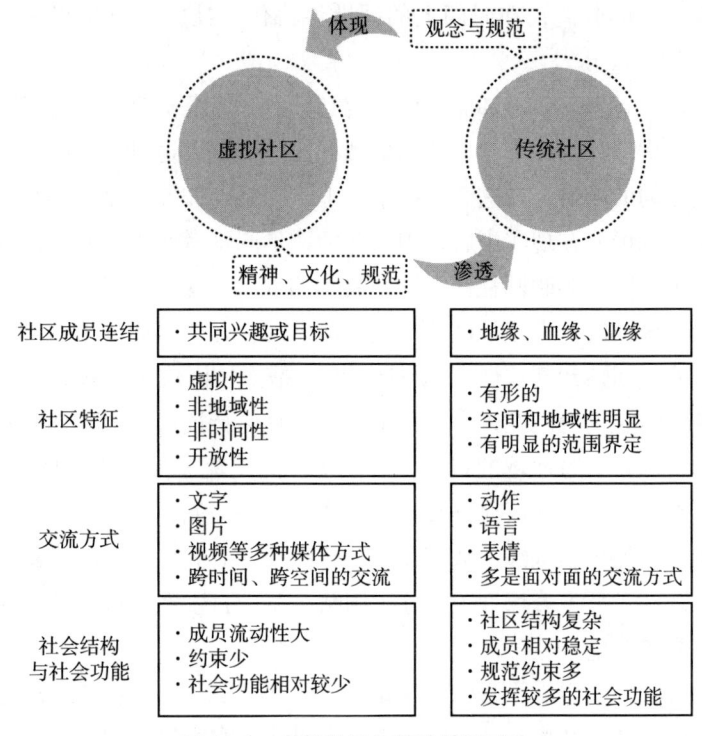

```
                    体现      观念与规范
                   ↗        ↘
            虚拟社区          传统社区
                   ↖        ↙
              精神、文化、规范    渗透
```

社区成员连结	·共同兴趣或目标	·地缘、血缘、业缘
社区特征	·虚拟性 ·非地域性 ·非时间性 ·开放性	·有形的 ·空间和地域性明显 ·有明显的范围界定
交流方式	·文字 ·图片 ·视频等多种媒体方式 ·跨时间、跨空间的交流	·动作 ·语言 ·表情 ·多是面对面的交流方式
社会结构 与社会功能	·成员流动性大 ·约束少 ·社会功能相对较少	·社区结构复杂 ·成员相对稳定 ·规范约束多 ·发挥较多的社会功能

图 3-1 虚拟社区与传统社区对比

资料来源：季铁：《基于社区和网络的设计与社会创新》，湖南大学博士学位论文，2012 年。

阿姆斯特朗和哈格尔（Armstrong and Hagel，1996）依据社区成员的目的，将虚拟社区划分为交易社区、兴趣社区、幻想社区和关系社区 4 种类型，② 其中兴趣社区、幻想社区和关系社区可以概括为非交易型社区，从而与交易型社区相对应，构成虚拟社区的两大类型。李等（Lee et al.，2001）以虚拟社区的创办途径为依据，将虚拟社区分为企业创办的虚拟社

---

① 徐小龙、王方华：《虚拟社区研究前沿探析》，载《外国经济与管理》2007 年第 9 期，第 10~16 页。
② Armstrong A and Hagel J III, The Real Value of On-line Communities. *Harvard Business Review*, 1996, 74 (3): 134-141.

区和消费者创办的虚拟社区。[1] 然而这种划分方式在实际研究中往往存在应用难度，这主要是因为企业创办的虚拟社区依托企业资源可以更好地进行运营，而消费者创办的虚拟社区受限于消费者个人的精力财力，在后期运营中常会面临经营困难，且一旦社区运营初具规模，消费者个人也会谋求转型，将社区出售给企业或者自行成立企业进行社区运营。[2] 多拉基亚等（Dholakia et al., 2004）则依据成员在加入社区前是否认识将虚拟社区分为网络型虚拟社区和群体型虚拟社区，他认为随着同一群体成员之间关系的深入，相对松散的网络型虚拟社区可以演化为成员已经具有密切联系，但为了实现共同目标和维持现有关系而结成的群体性虚拟社区。[3] 李的分类和多拉基亚的分类都体现了社区发展的动态性。

综上所述，作为社会学研究范畴的"社区"，在由西方国家向我国传播的过程中，其概念内涵经历了不同语言转化所带来的"异化"及中国特色社区文化特质的丰富和深化，而呈现出一定的中国特色。同时，社区类型的演进也体现了由社会变迁所赋予的社区概念在内涵和外延上的动态性。出于研究需要，本书对作为区域旅游活动依托的社区的界定仅限于传统社区，不包含虚拟社区。但不可否认，虚拟社区及其与传统社区间的互动关系研究对于数字经济时代区域旅游产业的发展具有重要意义。本书研究视域下的社区作为一种制度结构体，是处于国家与个人之间的一个中间组织层级，是促进社会有机联系和良性运行的重要一环。从内涵来看，社区是指"由居住在某一地域里的人们结成多种社会关系和社会群体，从事各种社会活动所构成的相对完整的社会实体"[4]。从外在表象来看，社区的构成要素包括"以一定的社会关系为

---

[1] Doohwang L, Hyuk S K, and Jung K K, The Impact of Online Brand Community Type on Consumer's Community Engagement Behaviors: Consumer – Created vs. Marketer – Created Online Brand Community in Online Social – Networking Web Sites. *Cyberpsychology, Behavior, and Social Networking*, 2011 (14): 59–63.

[2] 谢礼珊、赵强生、马康：《旅游虚拟社区成员互动、感知利益和公民行为关系——基于价值共创的视角》，载于《旅游学刊》，2019年第34卷第3期，第28~40页。

[3] Dholakia M U et al. A Social Influence Model of Consumer Participation in Network and Small Group Based Virtual Communities. *International Journal of Research in Marketing*, 2004, 21 (3): 241–263.

[4] 叶俊、于海燕：《国内外近年来社区旅游研究进展》，载《桂林旅游高等专科学校学报》2007年第18卷第2期，第272~278页。

基础组织起来的进行共同生活的人群""一定的地域条件和生活服务设施""特有的文化、制度和生活方式"①。

第二节 不同研究视域下的社区旅游

一、社区旅游的内涵

早在 20 世纪七八十年代,西方国家已开始将旅游业和社区发展结合起来,从社区的角度来定义旅游。例如,1978 年由美国政府出版署出版的美国国家旅游政策研究总报告中,旅游被定义为人们离开其家庭所在社区去往其他社区的旅行活动。② 基于这种认识,西方学者将社区作为旅游目的地的核心区域,关注旅游业发展对社区带来的影响以及社区方面的旅游开发活动对旅游规划的影响。

德卡特(de Kadt,1979)在研究旅游业发展给发展中国家带来的社会文化影响时,首次提及社区旅游概念。③ 随后,墨菲(Murphy,1980)根据加拿大旅游发展研讨会的成果将旅游描述为"以社区为资源,把社区当作产品出售的一种产业。在此过程中,每个人的生活都受到影响"。④ 这种观点将旅游和社区紧紧联系在一起,并得到广泛引用。

然而,社区旅游的意义自产生之日起就超越了社区和旅游两个概念简单的叠加。⑤ 在以往的研究中,曾出现过"以社区为基础的旅游"

---

① 保继刚、文彤:《社区旅游发展研究述评》,载《桂林旅游高等专科学校学报》2002 年第 13 卷第 4 期,第 13~18 页。

② Robert W M, Charles R Goeldner, Tourism: Principles, Practices, Philosophies (7th Ed.). New Jersey: John Wiley & Sons Inc, 1995.

③ E de Kadt, Tourism – Passport to Development? Perspectives on the Social and Cultural Effects of Tourism in Developing Countries. New York: Oxford University Press, 1979.

④ Murphy P E, Tourism Management in Host Communities. The Canadian Geographer, 1980, 24 (1): 1 – 2.

⑤ [澳] Murphy P E:《旅游社区战略管理:弥合旅游差距》,陶犁、邓衡、张兵译,南开大学出版社 2006 年版。

"社区参与的旅游""社区发展的旅游"等众多提法。① 其中，以"社区参与旅游"为关键词进行的研究数量众多，甚至将社区旅游的含义完全等同于"社区参与旅游"。②

"社区参与旅游"显然强调了"鼓励社区居民参与到旅游发展的决策、收益分配中来"的理念。然而，有学者认为，这种认识仅仅将社区和当地居民置于旅游业发展的从属地位，并不能全面涵盖社区旅游的思想，且过分强调旅游业发展中的社区"参与"以及对"参与"一词的片面认识更是导致了实践中的误区。普通大众理解的"参与"一词，是与社会的民主制度密切相关的，通常是指"通过参与权力再分配的过程影响公共决策"的一种公民权利。然而，社区旅游所倡导的"参与"并非一般意义上的大众参与，而是"作为一种反对技术专家独裁的社会运动"。③ 再加之实践中极易出现的对参与主体的扩大或泛化，在我国传统的"强化政府职能"的管理模式下，外部的兴趣群体（如外来的规划人员、专家、大众媒体）在旅游决策过程中的作用甚至远远超出了内部的兴趣群体（如地方政府、本地居民、中小企业主），这使得社区参与成为"象征性的""对公共权力关系的美化和掩饰"。④ 即便真正赋予了内部群体对旅游决策的话语权，缺乏合理的制度和程序以及"由于集体行动的难以统一和政府的不作为"也往往导致"社区参与的结果不一定与效率原则相一致"，从而无法实现公平分配目标。⑤

相对于"社区参与旅游"，"以社区为基础的旅游"描述了一种使社区利益最大化的可替代旅游形式，倡导以能力建设和赋权为手段实现社区发展目标，⑥ 从而更加强调了社区在旅游发展的核心地位。这种

---

① 陈氏沧玄：《越南和平省社区旅游发展问题研究》，东北师范大学硕士学位论文，2012年。

②③ 王成超：《我国社区旅游实践的扭曲与反思》，载《海南师范大学学报（自然科学版）》2010年第23卷第3期，第104~107页。

④ 张骁鸣：《西方社区旅游概念：误读与反思》，载《旅游科学》2007年第21卷第1期，第1~6页。

⑤ 黎洁、赵西萍：《社区参与旅游发展理论的若干经济学质疑》，载《旅游学刊》2000年第15卷第4期，第44~47页。

⑥ Denis T, Brian K, Strengthening Community – Based Tourism in A New Resource-based Island Nation: Why and How?. *Tourism Management*, 2015 (48): 386 – 398.

"以社区为基础的旅游"的特质体现在对当地社区的益处、促进社区积极参与旅游规划、加强接待客人的互动、社区参与总体旅游管理（特别是利润管理）以及保护文化和自然遗产等方面。

事实上，社区旅游概念的提出首先基于对社区与旅游关系的思考，这应该作为认识社区旅游概念的出发点。随着大众旅游活动走向更深入的体验阶段，目的地社区不仅为旅游业的发展提供必需的自然与社会旅游资源（如景观和遗产）、公共设施（如公园、博物馆、公共机构等），其居民更成为重要的旅游吸引物（好客氛围、社会风气等）。目的地要在世界范围内获取持续竞争优势，在旅游业发展中就不仅要考虑商业利益，更要考虑其赖以生存的社区的长远利益。墨菲（2006）所倡导的"社区方法"正是基于这种理念："旅游业在依靠目的地社区发展的同时还要回报社区，只有这样旅游业和目的地社区才能形成长期的互惠互利的伙伴关系。"[①] 美国生态旅游协会将社区旅游定义为"来源于社区并服务于社区的旅游方式"，[②] 也强调了社区旅游发展中社区的主体地位及其目的。

据此，本研究认为，应从三方面把握社区旅游的内涵：首先，社区旅游是一种不同于大众旅游的可替代性旅游模式，强调遵循可持续发展理念进行旅游开发，保证对社区文化、社会和自然环境不造成破坏性影响，并通过发展旅游业推动旅游者与当地居民间的平等互惠关系，维护当地居民的利益和促进当地经济社会的良性发展。其次，社区旅游的基本特征是"旅游与社区的结合"，[③] 且社区在旅游开发中居于主体地位。这主要体现在两方面：一是通过构建社区规划程序认识社区的地方感、保护其独特性；二是强调当地居民的积极参与。最后，社区旅游的发展目标是追求实现旅游目的地社区经济、社会、环境效益的协调统一和最优化。

---

① ［澳］Murphy P E、Murphy A E：《旅游社区战略管理：弥合旅游差距》，陶犁、邓衡、张兵译，南开大学出版社2006年版。

② Mann M. *The Community Tourism Guide: Exciting Holidays for Responsible Travellers*. London: Earthscan Publications Ltd, 2000.

③ 保继刚、文彤：《社区旅游发展研究述评》，载《桂林旅游高等专科学校学报》2002年第13卷第4期，第13~18页。

二、不同研究视域下的社区旅游

出于各自不同立场,社区旅游的实践者们对其认识各不相同:社区利益保护者们把社区旅游看作一种实现可持续旅游发展的模式,主张社区公平参与,社区居民自主决定社区经济和旅游业发展目标,强调大部分利益保留在社区内部;社区文化资源保护者们,把旅游当成社区公共事业来进行规划和管理,鼓励社区居民积极投入社区资源保护和环境建设中来,维系社区文化的本底特征;而社区发展论者,则把旅游作为社区经济复兴的一种手段,以旅游为源动力,为当地居民增加就业机会、提高收入水平、完善基础设施,实现社区兴旺目的。在理论研究方面,学者们基于不同研究视角和方法也贡献了不同的研究成果。

(一) 规划视角下的社区旅游

早在1979年,罗森奥和帕斯菲尔(Rosenow and Pulsipher, 1985)在其著作《旅游:好处,坏处,令人厌恶之处》中,试图通过一种"个性化的规划程序"确定社区的独特性并使旅游对居民具有深刻意义,[1]这暗含了社区旅游规划的思想。墨菲(1985)提出的"社区旅游生态模型"则展示了社区旅游的理论基础,[2]该模型由五个重要部分组成:

(1) 生态过程。将旅游规划和开发等同于生态过程。旅游目的地是一个生态系统,而旅游则是社区生命体(人类)与非生命体(文化和自然环境)之间物质交换的过程。

(2) 社区焦点。强调环境、社会、经济和企业作为社区旅游研究和规划的焦点。对居民和旅游者的调查是深入了解旅游市场的两个运用广泛的技术手段。为了获得更加全面的信息,需要进行更为广泛的社会调查并了解其他参与群体的信息。

---

[1] Rosenow E J, Pulsipher L G. *Tourism: The Good, The Bad, and The Ugly*. Lincoln, NE: Century Three Press, 1979.

[2] Murphy P E. *Tourism: A Community Approach*. London: Methuen, 1985.

（3）利益相关者。考虑社区旅游包括的环境、社会、经济和企业四个因素，并确定主要参与者。

（4）连通性。本地层次、区域层次和国家层次的生态社区各有自身的目标和优势，要协调各个层次，使其达到效率最大化。在进行社区规划时，本地和区域层次的社区有着特殊的相关性。这些层次代表了旅游产业的层面，也就是旅游者、环境和居民相互融合之所在。

（5）平衡。在社区规划中要找到环境、社会、经济和企业四个因素以及相关参与者的平衡点。

墨菲（1985）构筑的社区生态模型中，社区的自然和文化旅游资源相当于一个生态系统中的植物生命，它构成食物链的基础，过分地索取会导致植物的减少和自然退化；而当地居民被看作是生态系统中的动物，他们作为社区吸引物总体中的一部分，既要过正常生活又要作为社区展示的一部分。旅游业类似于生态系统中的捕猎食者，而游客则是猎物。旅游业的收益来自游客，游客关心的是旅游吸引物（自然和文化旅游资源及娱乐设施）和服务，这是"消费"的对象。这样吸引物和服务、游客、旅游业和当地居民便构成了一个有一定功能关系的生态系统中的主要成份。它们的比例是否协调，关系到系统的健康和稳定。

墨菲还通过案例证明，无论是农村社区还是省会城市，都显示出了一致的行为模式：旅游规划过程中认为公众都知道旅游及其潜在的影响，因而忽视了对社区居民的教育和培训；参加到旅游规划中的社区范围较小，且"在某些案例中，起决定作用的仅仅只有一个人"。[1] 这种状况显然不利于社区旅游规划目标的实现。墨菲还指出，如果在旅游划中，旅游业从业人员、当地政府和居民能够达成共同意愿，就有利于建立起以社区为中心的规划目标。

除墨菲以外，其他学者也呼吁社区成员应该积极参与到旅游规划中去。[2] 学者们认为，旅游者与居民的接触是非常重要的，忽视二者之间的相互影响则可能带来严重的社会后果，包括：旅游主管部门（旅游

---

[1] Krippendorf J. *The Holiday Makers*. London: Heinemann, 1987.

[2] Haywood M K. Responsible and Responsive Tourism Planning in the Community. *Tourism Management*, 1988, 9 (2): 105–118.

局、理事会）获得的支持减少；居民不愿意在旅游行业工作；居民对旅游的口碑宣传丧失热情；对旅游者表现出敌意并以多收费、态度粗野和对游客旅游度假经历不关心等方式表现出来；由于居民反对而延误旅游开发建设。

冈恩和瓦尔（Gunn and Valle，2005）认为，旅游规划视角下的目的地是由旅游吸引物和其所在社区组成的群体，并据此提出了基于旅游目的地（社区及其周边）规划的要素：旅游市场到达社区的交通可达性，有足够的公共设施和管理措施的社区（一个或以上），市场所需要的旅游吸引物组合，城市与吸引物之间有较多且有吸引力的交通联系。① 在冈恩的目的地规划体系中，社区是目的地区域内的焦点，当地社区在旅游发展过程中具有长期的影响，对旅游开发起着关键作用。冈恩也指出随着旅游市场的增多，交通系统的迅速扩展，游客对社区的影响已经大大超过社区的接纳能力，而旅游景点的开发与社区、目的地和区域的发展相互协调，对于单个的旅游企业和国家尺度的旅游开发都十分重要。同时，目的地规划较为理想的原则是吸引物集聚分布的方法，即将区域内的旅游吸引物成片成组开发设置，但要注重社区前往吸引物集群途中旅游通道的景观规划和设计。冈恩认为，可以通过统一的规划管理和统一行动、引入公众参与模式避免出现上述问题。由于在规划中涉及多方的管理权限问题，因而目的地规划者应该包括各个利益主体的代表，如居民、企业、艺术和人类学家、文化和自然资源保护主义者、政府领导以及专业规划人员等。

综合以往研究成果，从规划角度引入社区参与具体有以下几个方面建议：

（1）对社区居民进行旅游教育与培训。旅游业带来的许多消极影响是可以觉察的。政府或旅游政策部门应向社区居民更好的分析与旅游相关的影响，使其对旅游开发的积极影响与消极后果有全面的认识。墨菲认为，如果社区能够得到有关旅游业的更充分的信息，旅游产业就会更受欢迎。发起介绍旅游、旅游者习惯和文化差异知识的声势浩大的运

---

① ［美］克莱尔·A. 冈恩、［土］特格特·瓦尔：《旅游规划：理论与案例》，吴必虎、吴冬青、党宁译，东北财经大学出版社2005年版。

动、对社区居民进行细致的旅游教育和培训是实现这一目标的重要做法。

（2）在旅游规划中吸纳社区观点。社区或代表社区利益的群体并不一定是旅游规划的专家，但其对规划方案发表评论的权力不能忽视。在大型旅游开发项目和区域性规划中，社区可以对发展方案进行选择和比较从而参与到旅游开发中来。同时，旅游发展的整体目标和重点应与居民的目标和重点相协调；对当地旅游吸引物的营销举措须经居民同意；采纳和改进反映当地历史、地理环境的主题与活动，尊重社区居民的社会需要。

（3）在旅游规划中应体现增加居民各种机会的原则。在旅游开发中应充分考虑到当地社区在旅游区、度假地开发规划中的需要，避免对当地居民娱乐、购物和舒适性生活的限制，增加有利于提高当地社会娱乐环境的旅游开发项目。

（4）设立体现社区权益的管理委员会。设立体现社区居民所有权和代表权的管理委员会有利于促进社区旅游的开展。同时，在旅游开发中，应尽量扩大当地资本和劳动力的比重，以降低居民产生的消极态度。

（5）注重对旅游开发影响的研究和监测。旅游政策部门应设置一些关键指标和警示信号，以加强对旅游产生的社会影响的研究和监测，从而体现旅游开发对社区利益的尊重，并获得公众不满信息。具体来说，可以建立有关旅游者与居民相互影响情况的数据库；在"高压力"社区内对旅游产生的社会影响进行长期监测，具体内容涉及旅游者与居民的关系是否改善、旅游的某项负面社会影响是否继续存在、上述负面社会影响在经济方面对旅游开发的可行性造成的不利影响等。

（二）管理视角下的社区旅游

从旅游业发展对社区的实际价值出发，韦弗（Weaver，1986）从社区旅游产业发展的角度，总结了社区旅游发展的三个重要组成部分：社区、为旅游业发展提供公共服务和基础设施，为当地景点的各类机构提供人力资源和志愿者，并为旅游产品和市场的开发提供指导机构；吸引物和特别项目，即社区和客源市场的相互作用，社区推出吸引旅游者的产品和项目，并连同社区一起推广到外面的客源市场；客源市场，即购买社区出售产品的部门。[1] 这种思路将旅游目的地社区看成是一种整体产品，而社区旅游发展作为一种企业行为，可以运用企业管理的原理与方法对其进行管理。

墨菲（2006）在其著作《旅游社区战略管理：弥合旅游差距》中指出，旅游产业要想发展并挖掘潜力，离不开合理而细致的管理。旅游社区的战略管理包含社区决定其"地方特色"中什么要素可以开发为旅游产品并出售给旅游者，以及如何协调社区利益相关者在社区旅游开发中达成共识。开展社区旅游作为一种企业活动，首要动机就是为社区获得最丰厚的回报。[2]

墨菲（2006）运用管理的四个一般性职能——计划、组织、领导和控制对社区旅游发展中如何应用管理理念进行了阐释。

（1）社区旅游的计划过程。

墨菲认为社区旅游的计划过程与一般企业的计划过程有相似步骤，即通过市场调查和竞争力分析等步骤确定组织的未来设想及其在组织中的地位；确定组织的使命；确定战略总目标；确立经济目标（涉及公司的生存、利润和成长）、服务目标（为社会带来的利益）和个人目标（组织中的小团体和个体的目标）。同时，社区旅游在优先考虑的事项上有所不同。一般企业考虑的优先事项较为简单且易于量化，便于灵活地运用和实施计划。但社区优先考虑的事项却非常复杂，且难以量化。例如，社区发展常包括众多利益相关者，为了获得长期的、整体的回报，社区旅游发展计划需要综合考虑众多利益相关者的想法及一些外部因素。社区旅游计划过程中设想的战略目标和具体目标涉及大量的组织和资源，且需要这些组织承担相应的义务。因此，在计划过程中，必须安排会议、组成讨论小组，组织各方人士广泛参与。

---

[1] Weaver D G, Tourism USA：*Guideline for Tourism Development*. Columbia, Missouri：University of Missouri - Columbia, Department of Recreation and Park Administration/Washington, DC：United States Travel and Tourism Administration, 1986.

[2] [澳] Murphy E P、Murphy E A：《旅游社区战略管理：弥合旅游差距》，陶犁、邓衡、张兵译，南开大学出版社2006年版。

(2) 社区旅游的组织过程。

社区旅游发展计划的实施需要得到三个群体的支持和参与——政府、旅游产业和广大社区。其中，地方层次的政府对土地利用分区和设施的使用许可权负有管理职责，直接或间接地参与社区建设，在很大程度上影响基础设施的建设。由相关产业各部分集中起来形成的旅游协会可以作为统一的利益群体在旅游业发展中为目的地营销提供便利，形成统一的目的地形象。同时，旅游规划应尽可能地符合并支持社区内其他现有的或潜在的经济活动，考虑居民的利益并培养居民的认同感，这样才能获得当地其他产业和居民的支持，保证发展计划的顺利实施。

(3) 领导。

旅游业发展中大量的企业都是中小企业，其领导风格和方式不仅对其企业自身产生影响，还对目的地社区产生重要影响。其中，领导者的创新和承担风险的素质尤为重要。对社区而言，营造一种有利于企业家创新的环境有利于社区旅游发展目标的实现。

(4) 控制。

旅游业发展中难以避免会产生负面影响，如环境污染、交通拥堵、噪声等。通过控制职能可以力争将这些负面影响降到最小。对社区旅游发展的控制主要由政府来实现。除了规定规范和规章制度外，政府还可以制定完整的控制体系，对土地利用（包括居民住宅存量、保护活动、酒店等住宿设施接待能力、景点土地利用变化）、环境（包括水系质量、废水排放质量、空气质量、绿化率、湖泊与河流水质）、企业/社会（人口、学校入学率、健康统计指标、失业、犯罪、社区满意度调查、娱乐设施用量）、基础设施（水系和下水道系统剩余容量、高速公路及其他运输系统容量）、市场（宾馆入住率及利润率、会议数量、游客满意调查、房产销售价格）等进行监控。

墨菲特别强调了从物理控制到心理控制的转变，他指出对游客满意和社区居民满意的调查越来越显得重要。社区居民不仅仅是接待者，还是当地旅游设施的使用者和游客，通过对社区居民进行教育培训增进其对旅游业的了解可以有效提升社区旅游支持度，通过提高公众参与机会，旅游发展才能发挥最大效益，通过建立允许居民真正有效参与的机制，才能实现各方信任与合作。

勾等（Go et al.，1992）提出了一个旅游社区行动计划实施体系，系统概括了旅游目的地社区旅游管理的层次与要点，见表3-1。[①]

表3-1　　　　　旅游社区行动计划实施方法

分析层次	活动与问题			
	相互作用	任务分配	实施监控	行动组织
行动	如何鼓励社区领导和居民以游客的眼光来看待目的地？	社区如何更好地达到旅游行动计划的目标？	社区旅游行动组的成员如何更好地评价社区、资源和人？	当地社区怎样参与旅游行动计划并获得主人翁的感受？
程序	如何发展服务和接待业（尤其是现有的目的地、接待设施和基础设施）来维持和提升社区形象？	如何选择社区来为旅游行动计划投资？	旅游行动委员如何更好地引导对现有及潜在目标市场的研究？	如何合理地使当地旅游政策加入区域政策中？
系统	社区如何向游客和旅行商促销其吸引物及设施？	省级政府怎样能确保地方议会直接参与计划编制过程？	如何评价旅游行动计划的质量？	社区如何制定自己特有的旅游政策？
政策	社区层面的旅游行动计划如何与现有的总体规划及省级层面的经济发展政策保持一致？	如何合理分配资金和人力资源，以确保该社区能顾及编制计划所涉及的各个重要步骤？	社区如何检验旅游对其社会结构的影响效果？	如何进行产业重组以使其具有更广泛的基础，使其对社区更有责任感和代表性？

资料来源：[澳] Murphy E P、Murphy E A：《旅游社区战略管理：弥合旅游差距》，陶犁、邓衡、张兵译，南开大学出版社2006年版。

结合旅游规划的一般步骤以及社区旅游管理体系的主要内容，社区旅游规划需要经历问题与机会识别、战略目标制定、旅游专项规划设计、规划的管理评估四个阶段。作为强调社区参与的动态过程，社区旅游得以实现的重要保障是社区参与的实施。从上述过程出发，促成社区旅游发展的机制主要有引导机制、决策机制、战略实施机制、利益分享机制、评估监控机制和实施保障机制。

[①] Go F et al. Communities as Destinations: A Marketing Taxonomy for the Effective Implementation of the Tourism Action Plan. *Journal of Travel Research*, 1992, 20 (4): 31-37.

1. 社区旅游的引导机制

在社区旅游规划的前期准备环节，旅游规划人员或机构的工作重点在于识别社区的相关利益群体，通过对社区居民的旅游影响感知进行调查和统计分析，获取社区居民的旅游态度，进而对社区旅游发展存在的限制性因素与机会进行识别。

2. 社区旅游的决策机制

在社区旅游规划的起始阶段，制定社区旅游的战略目标至关重要。其工作重点在于成立一个包含多方利益主体的决策团体，采取协同决策的方式制定旅游规划的战略目标，且该目标应体现社区社会目标、经济目标与环境目标的统一。

3. 社区旅游的战略实施机制

社区旅游战略目标主要通过旅游专项规划设计来实现。旅游规划人员或机构充分吸收社区居民参与到旅游产品和项目的开发与营销中来，结合周边旅游社区的空间竞争形势，做好配套旅游设施的规划与建设。

4. 社区旅游的评估监控机制

在社区旅游规划的管理评估阶段，旅游规划机构需要构建一定的反馈机制对前期规划的实施状况进行评估与修正，以弥合旅游规划实施与目标之间的差距。

5. 社区旅游的实施保障机制

社区旅游的实现需要以社区、政府、旅游企业、规划专家和非政府组织的共同参与为依托，需要相关群体的利益共享与责任分担。要保障社区旅游的实施，旅游规划机构需要有意识地对社区居民进行培育与引导，采用适当的经济手段对其加以刺激，健全社区参与制度并为之提供法律上的保障。

从根本上来说，社区旅游是以社区参与为特征、以社区发展和社区居民利益为核心的发展模式。引导机制、决策机制、战略实施机制、评估监控机制和实施保障机制共同构成了社区旅游发展的整体框架，有序地推动社区旅游的发展。

（三）创新视角下的社区旅游

虽然基于创新理论研究社区旅游发展的理论成果较少，社区旅游创新实践却一直在向前推进。从社区发展的角度看，旅游业作为社区建设众多选择中的一种，理应遵循社区建设的一般规律且在社区发展实践创新中体现自身的价值。基于大量的案例研究，社区建设从社区自身特点出发，围绕社区特色资源的价值挖掘和利益相关者的合作创新涌现出众多实践成果，为基于社区的旅游发展提供了范本。本节在此对创新的一般理论及开放式创新体系进行理论梳理，为下一章中外社区旅游创新实践研究提供理论依据。

1. 创新及其影响因素

创新一词源于拉丁语"Novus"，其主要含义是更新、创造与改变，即产生新的事物或者思想。这一概念的正式使用来自于经济学家熊彼特（Schumpeter，2000）他基于制造业将创新定义为一种全新的生产函数，认为只要是改变了产品或者生产原有的状态就可以称之为创新，这些可以被称为创新的行为则包括找到新项目、找到新的生产方法、开拓新的产品市场、找到新的原材料来源与发现新的产业组织等。[1] 对于制造业来说，这些改变或者创新行为的动力来源于成本的节约，即可为制造业带来更为丰厚的利润。此后，创新概念被应用于众多领域。从个体层面来讲，创新包含着从想法的产生到最终实施的整个过程，在这个过程中会产生许多有价值的事物。当新的产品或服务种类产生或者生产率水平提高时，这种价值的创新行为被认为是推动经济发展的主要动力，国家或者地区政策也会向这种刺激个体或者组织创新行为的要素靠拢，即通过公共政策的引导来激励这种创新行为和经济增长。从组织层面来讲，创新能够通过新的概念或者方法来提升生产效率、服务质量、组织竞争力或者市场份额，并最终反映在组织的绩效和成长性方面，这种创新政策和实践表现在各种组织中，例如企业、医院、高校、以及地方政府等。[2]

克罗森和阿培丁（Crossan and Apaydin，2010）认为组织创新受到一系列因素的影响，其中有三个因素具有决定性作用，即创新的领导

---

[1] 约瑟夫·熊彼特：《经济发展理论——对于利润，资本，信贷和经济周期的考察》，何畏、易家详译，商务印书馆2000年版。

[2] Abouzeedan A, Hedner T, Klofsten M, Innovation and Entrepreneurship-new Themes for New Times. *Annals of Innovation & Entrepreneurship*, 2010, 1 (1).

层、管理手段和业务流程。① 本文认为，创新的影响要素可以归结为五个方面，一是动力，例如内部的知识和资源推动或是外部的市场机会推动等；二是资源，即创新的资源来源，是继承吸收或是新发明创造；三是轨迹，即创新是组织独立的封闭式的行为还是网络化的开放式的行为；四是创新指导方式，是从上而下，还是由下及上；五是创新层次，是个体层、组织层还是公司层。这些要素关系到创新活动能否发生以及实现。

2. 开放式创新的内涵及开放式创新系统

（1）开放式创新的内涵。二十一世纪以来，基于许多新兴企业，特别是互联网企业在积极引入外部资源加强合作的基础上获得了迅速的发展的事实，以彻斯布罗（Chesbrough，2003）为代表的学者区别于传统的创新模式，提出了开放式创新这一概念。他们认为在当代信息技术资源丰富、技术复杂性提高、顾客需求多样化的背景下，企业必须同时利用内部和外部技术，通过内部和外部的各种方式将成果推向市场，借此来获取持续竞争优势。

彻斯布罗（2003）对开放式创新的内涵进行了探讨，提出开放式创新主要包含以下几个方面：①商业模式的转变，转变原有的商业模式，将内部创新成果与外部创新资源相结合；②利用开放式创新摆脱商品陷阱，进行创新市场管理，从封闭走向开放；③通过外部知识管理来开发企业新技术、新产品。② 开放式创新的思想区别于传统的封闭式创新，认为大企业不能闭门造车，要学会利用企业外部资源，加速创新成果的转化效率，这种诠释为开放式创新的后续研究提供了基础和借鉴。

哈斯特贝卡（Hastbacka，2004）③ 以及韦斯特和盖拉格（West and

---

① Crossan M M, M Apaydin, A multi-dimensional Framework of Organizational Innovation: A Systematic Review of the Literature. *Journal of management studies*, 2010, 47 (6): 1154 - 1191.

② Chesbrough W H, *Open Innovation: The New Imperative for Creating and Profiting from Technology*. Cambridge: Harvard Business School Press, 2003.

③ Hastbacka A M, Open Innovation: What's Mine is Mine. What If Yours Could Be Mine too [J]. *Technology Management Journal*, 2004, 12 (3): 1 - 4.

Gallagher，2006)[1] 深化了关于开放式创新资源相关的研究，认为开放式创新在本质上就是一种企业内外部资源的综合利用，创新过程需要各类资源的支持，具备开放式创新思维的企业会主动到企业外部寻找创新资源，例如在新产品开发过程中，从创意的产生、项目的投资到产品的成形、市场的反馈与接受，都需要创新资源的支持，企业会通过各种各样的方式来获取外部的支持，创意的产生阶段会请外部专家进行评估，项目的投资阶段会邀请外部投资者参与进来而不仅仅是自有资金，产品的成形阶段会邀请顾客参与进来，根据顾客和市场的反馈对新产品进行修改，最终达到符合市场需求的效果，经过这一系列流程之后，企业的创新产品项目中凝聚着多方面利益相关者的智慧，企业通过这种方式不仅使新产品得以产生，而且利用外部资源降低了研发风险，因此开放式创新就是一种有意识地利用内外部资源的创新过程。

除企业资源利用的角度外，部分学者认为开放式创新的内涵还可以从企业流程以及企业认知的角度进行探讨。开放式创新并不是孤立的概念，是由一系列流程组成的，里希滕塔尔和恩斯特（Lichtenthaler and Ernst，2009）认为开放式创新不是一个简单的管理行为，而是持续性的进程，[2] 是一个不断地从外部吸收知识并在组织内部转化的过程。此外，开放式创新不仅仅是一个从技术上怎样创新的概念，其内涵更扩展到了思维领域，韦斯特等（West et al.，2006）认为开放式创新不仅是一些受益于创新的实践活动，还是一种创造、转化、研究这些实践的认知模式，因此对于企业以及其领导者来说，需要以一种开放的心态对各种创新行为进行管理，扩大开放式创新的应用范围。[3]

（2）开放式服务创新系统。

服务领域的创新与制造业领域的创新有所不同，前者偏向于组织、人力资源等隐性资源，而后者更偏向于技术。[4] 服务企业逐渐发现自身

---

[1][3] West J，Gallagher S，Challenges of Open Innovation：TheParadox of Firm Investment in Open-source Software. *R&D Management*，2006，36（3）：319–331.

[2] Lichtenthaler U，Ernst H. Retraction Notice：Technology Licensing Strategies：the Interaction of Process and Content Characteristics. *Strategic Organization*，2009，7（2）：183–221.

[4] Gallouj F，Savona M，Innovation in Services：A Review of the Debate and A Research Agenda. *Evolutionary economics*，2009，19（2）：149–172.

创新需要大量的信息资源、沟通能力，相对于制造业企业，需要更多的来自外部资源的支持，与供应商以及顾客的合作也变得越来越频繁，[1]企业与外界的这种频繁的交流和合作扩大了企业原有的经济边界，使企业外部资源能够源源不断地流入企业内部，许多学者的实证数据也证明了这种与外部利益相关者的合作行为能够极大地提升企业的创新绩效。[2]

基于上述认识，彻斯布罗（Chesbrough，2010）构建了开放式服务创新概念框架，[3]主要包括四部分内容：第一部分用服务的思想来定义企业自身业务，即充分利用企业现有的资源。这一部分包括了企业进行信息共享，建立开放式服务创新的价值链，提升企业现有资产的利用效率从而提供多种服务，建立开放式平台等部分，使企业的业务转变到服务平台之中；第二部分是与顾客合作进行创新，即改变顾客在创新中的角色，使其充当创新的参与者而不是被动的消费者。这一部分包括了注重获取顾客的隐性知识，从顾客的角度设计服务体验，找到关键体验点，打造企业的知识信息优势，让顾客参与创新过程中来；第三部分是进行服务创新的延伸，打造企业的规模经济和范围经济。这一部分包括了企业利用"由外向内"的开放模式创造范围经济和通过"由内向外"的开放模式获取规模经济，增强服务创新主体的参与度，进行知识整合，打造包括上下游企业、合作伙伴以及个体在内的生态系统；第四部分是进行商业模式的转型，避免思维惯性的误导，克服商业模式惰性。这一部分主要包括了建立企业新的收益模型、划分企业的前后台组织，利用商业模式活动线路图来引领商业模式的变革，在整合的基础上进行商业模式的重组，打造平台商业模式。

对于组织而言，开放式服务创新更多的是一种将内外部资源相互运用、相互碰撞的过程，在此过程中需要将组织外部资源引入内部并加以

---

[1] Tether S B, Do Services Innovate Differently? Insights from the European Innobarometer Survey. *Industry & Innovation*, 2005, 12 (2): 153–184.

[2] Love H J, Roper S, Hewitt – Dundas N. Service Innovation, Embeddedness and Business Performance: Evidence from Northern Ireland. *Regional Studies*, 2010, 44 (8): 983–1004.

[3] Chesbrough W H. *Open Services Innovation: Rethinking Your Business to Grow and Compete in a New Era*. John Wiley & Sons, 2010.

合理化运用整合,同时也需要将内部资源输出形成创新碰撞产生新的行为,这一过程并不会自发形成,受到系列驱动要素的推动。桑博和盖里欧(Sundbo and Gallouj,1998)通过对服务创新的探索提出了驱动力模型,认为服务创新的驱动力可以被划分为内部驱动力和外部驱动力,其中内部驱动力主要包括战略和管理、创新支持部门以及企业员工等要素,外部驱动力包括服务创新的轨道要素和行为者要素,内外部要素共同驱动了企业的服务创新行为。[1]

通过总结不同学者的研究成果,发现开放式服务创新作为一种开放式创新过程,其形成和发展会受到不同要素的推动,这些不同的推动力最终会产生不同的服务创新结果,可以将这些不同的驱动力划分为三个层次:一是开放式创新支持系统;二是全员开放式创新;三是外部利益相关者合作创新。这三个层次的驱动力为开放式服务创新的形成和发展奠定了坚实的基础。

3. 旅游利益相关者及社区旅游开放式创新体系

(1) 旅游利益相关者及其分类。利益相关者理论的思想源头与社会责任理论(Corporation Social Responsibility,CSR)和企业伦理理论一脉相承,源自人们对组织存在的合法性及其承担社会责任的必要性的思考。此后社会契约理论提出的企业"契约联结观"则使人们对企业价值创造的认识从企业内部扩展到企业参与者之间的契约安排问题,从而使企业价值体系从单纯的股东经济价值发展为包含更广泛群体的社会价值。

1963年,斯坦福研究所首次使用了"利益相关者"一词来表示与企业有密切关系的所有人,进而从狭义角度将利益相关者界定为对企业生存具有重要影响的群体。此后,在安索夫、蒂尔等经济学家推动下,利益相关者由企业价值的"外部影响因素"逐渐作为"外部参与因素"引起学界重视。1984年,弗里曼(Freeman)在《战略管理:一种利益相关者的分析方法》把利益相关者定义为"任何可以影响组织目标的或被目标影响的群体和个人",或者"任何能影响或为组织的行为、决

---

[1] Sundbo J, Gallouj F. Innovation in Services – SIS4 Project Synthesis. *Work package*, 1998, 3(4): 11.

定、决策、实践或目标所影响的个人或群体",并将利益相关者管理定义为"企业的经营管理者为综合平衡各个利益相关者的利益要求而进行的管理活动",从而将利益相关者的研究范畴扩大至社区、政府部门、环境保护主义者等实体。[①] 由于利益相关者理论将企业的成功归结为企业保持并平衡众多能够影响组织目标实现的关键群体利益的能力,并将企业存在的目的由实现股东利益最大化扩展为相对宽泛的社会责任范围,从而推动了传统企业治理模式中"股东至上"的原则向"共同治理"模式的转变,为企业价值创造提供了一个有效的分析工具。

对任何企业而言,"价值"始终是决定其生存与发展的根本。自十九世纪中叶以来,从买方和卖方的单边利益视角考察企业价值的观点逐渐被立足于参与社会分工各方的多边利益视角所取代,企业在社会生活的角色也逐渐由"自由企业"转变为一张复杂的"价值网"中的节点。植根于社会责任理论(Corporation Social Responsibility,CSR)和企业伦理理论的社会利益观逐渐取代传统的经济价值观,成为企业价值认知的依据。在社会利益观看来,企业价值行为不仅应考虑股东利益,还应该考虑与企业相关的其他利益相关者的利益,如员工、消费者、供应商、社区,甚至于环境及子孙后代等。与之相关的利益相关者理论为企业管理与价值创造提供了思想基础。

1988年,加拿大学者海伍德(Haywood)在《旅游管理》(Tourism Management)期刊上发表题为"社区中负责任和反应迅速的旅游规划"的文章,将当地居民作为旅游业的利益相关者,提出在制定旅游发展规划时应充分考虑满足其需求,[②] 从而将利益相关者理论从管理学领域扩展到旅游研究领域。此后,旅游领域的利益相关者研究成果逐渐增多。中外学者基于社会冲突理论、社会资本、社会网络、演化博弈等研究视角,就旅游目的地、旅行社、社区旅游、民族旅游等旅游研究主题中利

---

① [美]弗里曼:《战略管理——利益相关者方法》,王彦华、梁豪译,上海译文出版社2006年版。

② Haywood M K, Responsible and Responsive Tourism Planning in the Community, *Tourism Management*, 1988, 23(2): 105 – 188.

益相关者的界定、扮演的角色及利益诉求进行了案例和实证研究。[①]

既往研究对利益相关者有多种分类方式，例如，米歇尔（Mitchell，1997）根据影响力、合法力、紧迫性三种属性，将利益相关者分为8类；[②] 斯沃布鲁克（Swardbrooke，1999）根据紧密程度，将旅游利益相关者分为松散层、紧密层、核心层；[③] 夏赞才根据利益性质、关系程度、影响力，将旅行社利益相关者分为核心层、战略层和外围层；[④] 李凡等将旅游目的地利益相关者分为密切型、中间层和疏远型；[⑤] 王纯阳等按照主动性、重要性、紧急性将旅游目的地利益相关者划分为核心利益相关者、蛰伏利益相关者和边缘利益相关者。[⑥] 赵静运用专家意见法从影响力、合法性、紧迫性三个属性对九类乡村旅游利益相关者进行赋分，将其划分为核心层利益相关者、外围层利益相关者和边缘层利益相关者。其中核心层利益相关者包括作为旅游消费方的旅游者、作为旅游服务供给方的社区居民和旅游经营者、作为行政管理方的各级政府管理机构；外围层利益相关者包括旅游教学科研机构和行业协会；边缘层利益相关者包括非政府组织、新闻媒体及其他。赵静认为，上述利益相关者的划分会随着旅游发展阶段、经济态势而呈现动态变化甚至角色转换，需要结合实际具体分析。[⑦]

（2）社区旅游开放式创新体系。毫无疑问，面对激烈的市场竞争，创新对于社区旅游发展具有决定意义：社区不仅是旅游业开展的重要依托，还作为旅游目的地成为综合性的旅游产品。同时，社区作为各旅游

[①][⑦] 赵静：乡村旅游核心利益相关者关系博弈及协调机制研究，西北大学博士学位论文，2019年。

[②] Mitchell K P, Agle R B, Wood J D, Toward a Theory of Stakeholder Identification and Salience: Defining the Principle of Who and What Really Counts, *Academy of Management Review*, 1997, 22 (4): 853–886.

[③] Swardbrooke J, Sustainable Tourism Management, *Annals of Tourism Research*, 1999, 28 (2): 523–525.

[④] 夏赞才：《利益相关者理论及旅行社利益相关者基本图谱》，载《湖南师范大学社会科学学报》2003年第32卷第3期，第72~77页。

[⑤] 李凡、蔡桢燕：《古村落旅游开发中的利益主体研究——以大旗头古村为例》，载《旅游学刊》2007年第22卷第1期，第42~48页。

[⑥] 王纯阳、黄福才：《村落遗产地利益相关者界定与分类的实证研究——以开平碉楼与村落为例》，载《旅游学刊》2012年第27卷第8期，第88~94页。

目的地社会经济发展的"形象窗口",其旅游价值的创造与实现更具社会意义。以开放式创新的视角看待社区旅游的创新发展,可以将其视为一个包括社区旅游创新支持系统、全员开放式创新、外部利益相关者合作创新和开放式商业模式创新四部分在内的开放式创新体系。从社会利益观念出发,充分考虑内、外部利益相关者在社区旅游创新中的地位与作用,对于社区的旅游价值创造具有重要意义。

①社区旅游创新支持系统。社区旅游创新支持系统主要包括创新氛围、吸收能力和知识共享三部分。创新氛围是一种影响社区旅游创新的环境因素,是社区对旅游创新的态度、行为以及旅游从业者感受的集合。吸收能力是指在旅游创新中社区内部对外部合作者和外部资源进行知识内化并加以利用的能力。在社区旅游创新中,不同合作主体之间的信息、知识、资源等相互碰撞而产生新的创意、想法在相互之间传递、共享即为知识共享。在社区旅游发展中,政府公共服务的水平及其对待旅游产业发展的政策是最为重要的创新支持因素。政府通过社区规划方法吸引、鼓励更多的相关企业、创业者及社区居民参与到社区旅游发展中,可以营造积极的创新氛围,从而创造一种有利于创新的环境,激发社区相关企业、创业者及社区居民的创新热情,提升其知识共享意愿和创新效能感,进而有利于创新的开展。同时,政府作为公共部门协调各种职能、部门的利益,通过对社区居民进行教育、培训提升社区居民的旅游参与意愿及参与水平,提高其对旅游业发展中新生事物的消化、吸收能力,加速新的创意、想法在各利益主体间的交流、传播,从而推动社区旅游创新过程。

②社区全员开放式创新。社区全员开放式创新主要是指社区居民和旅游企业在旅游经营中的创新活动。社区居民作为乡村文化的载体和乡村旅游环境的核心要素,无论是否直接参与旅游经营,其生活状态、思想形态、民风民俗、语言风貌、饮食习惯等都是重要的旅游吸引物来源,其态度、行为会对旅游者对目的地的形象认知、旅游体验质量产生重要影响。当然,一部分社区居民作为创业者和旅游企业员工直接参与了旅游经营,他们与其他创业者一起,通过为旅游者提供导游、接待、地方交通等旅游公共服务直接创造了旅游收益。社区居民及从业者的开放式创新发生在参与旅游社区规划的过程中及其与游客接触与交流的交

互过程中。

　　景区、酒店、民宿、餐馆、旅行社等旅游企业作为旅游产品的提供者通过自身的经营创新为社区旅游发展增添了动力。一方面，旅游企业在旅游规划、设计及营运环节的创新活动，为社区生产新的旅游吸引物和旅游服务体验，从而增强社区旅游竞争力；另一方面，旅游企业在项目建设或经营时投入大量社会资本，为社区旅游的发展提供资金保障，乃至改善社区投资环境和居住环境。在此过程中，旅游企业的领导者作为经营战略及管理的主要执行者，是企业创新过程中的动力和源头，也是企业创新行为的发起者、决策者和推动者。[①] 旅游企业的领导者能够通过对组织的变革、新市场的开发以及改变运作和信息传递效率等方式来促进服务创新行为的发生，其对待创新的态度对员工创新行为也具有重要影响。

　　③社区外部利益相关者合作创新。来自社区外部的利益相关者，如旅游者、政府、竞争者、合作企业、非政府组织、媒体、科研院所等，作为社区旅游创新经营的重要知识来源和影响因素，对社区旅游的发展具有重要意义。然而，受国情和社会发展状况影响，上述外部利益相关者对于不同社区的影响程度存在差异。例如，与西方国家相比，我国的非政府组织发育不全，可以发挥的援助和制衡力量较弱，而政府部门经常处于区域旅游发展的主导地位。

　　在传统的封闭式创新模式下，创新主要依赖组织内部资源、以生产者为中心进行，然而，自开放式创新模式提出以来，顾客作为外部创新主体日益受到重视。服务创新理论认为，有顾客参与的服务创新是价值共创的重要来源，顾客被认为是价值共创过程中的重要资源。[②] 在社区旅游经营中，来自外部的最为核心的利益相关者即旅游者（顾客）。一方面，在市场导向下，旅游服务的特点决定了旅游者与旅游服务提供者及社区居民的互动对其旅游体验产生了重要影响，社区旅游应以吸引旅游者且满足旅游者的需要为创新方向，且旅游者的态度是社区旅游创新

---

① Sintes F O, Mattsson J, Innovation Behavior in the Hotel Industry, In: *Omega - The International Journal of Management Science*, 2009, 37 (2): 380 - 394.

② Abramovici M, Charensol B L, How to Take Customers into Consideration in Service Innovation Projects, *The Service Industries Journal*, 2004, 24 (1): 56 - 78.

发展的推动力。另一方面,在当前社会营销日益深入人心的背景下,旅游者对社区旅游信息的传播、加工和分享,成为了社区旅游营销传播创新和目的地形象塑造的重要组成部分。

从世界范围内来看,政府公共部门在旅游服务创新过程中很少作为直接参与者,更多的是为旅游目的地及企业提供创新所需的信息,如知识、创新开发和管理的经验、专业的员工培训,以间接地推动相关创新活动的开展。此外,政府有关部门会对旅游行业进行专门的调查研究,其实施的一系列管理和规制,在很大程度上也会催生创新活动的出现。与西方国家相比,长期以来,我国各级政府管理机构在旅游发展中的重要性要大得多。政府在区域旅游发展的目标设定、权力制衡、利益分配、机制建立、政策制定以及具体规划确定等各个环节都充分介入,形成了以政府为主导的发展状况。政府扮演着协调者、管理者、监督者、授权者等多重角色,同时对参与旅游事务的主体选择具有决定权,这使得政府作为外部利益相关者对社区旅游发展发挥着极其重要的影响。要以社区为基础发展旅游,首先需要政府部门转变观念,树立为保障社区居民福祉、促进社区可持续发展的旅游发展理念,同时要在借鉴先进经验的基础上,因地制宜地创造性履行多角色职责,提高执政水平和公共服务水平,方能协调各方利益的能力,处理好各方关系。

有研究认为,企业在与竞争者的激烈竞争中会逐渐提高其创新能力。[1] 竞争者对资本、市场、人力等资源的争夺,会促使社区改变经营战略,也对社区的旅游经营管理水平提出挑战。同时,竞争者与社区的竞争、合作态势还构成了目的地旅游经营的行业外部环境,成为影响其经营战略制定的重要外部条件。当然,竞争态势并非一成不变,这种动态性使得社区及其竞争者在旅游开发项目、市场营销等方面的合作创新也成为可能。值得注意的是,比起制造型企业,服务行业的创新行为更容易被竞争对手模仿,且旅游企业及目的地之间的合作创新在形式及程度上明显受到彼此经营战略与竞合博弈状况的制约与影响,稳定性和持

---

[1] Weiermair K. Prospects for Innovation in Tourism: Analyzing the Innovation Potential throughout the Tourism Value Chain. *Journal of Quality Assurance in Hospitality & Tourism*, 2006 (6): 59 – 72.

续性相对较差。

媒体作为信息传播工具为旅游目的地有意识地影响旅游者的态度和行为提供了重要平台，媒体舆论对社会公众的引导以及政府行为的监督，间接影响到社区旅游经营政策的制定与实施，故而媒体成为对社区旅游经营影响时间较长且意义重大的外部利益相关者。而近年来博客、微信、个人主页、网络社区、社交网站等一系列新媒体的迅速兴起，不仅为旅游创新提供了更为广阔的交流平台，还深刻地改变了消费市场结构，催生了新的顾客群，推动了消费群体的网络化和社交化，继而带来旅游目的地服务方式和营销方式的转变。同时，新媒体为旅游目的地提供了延伸的顾客接触点，使其拥有了与顾客直接沟通的能力。这些影响促使目的地转变其经营管理方式，以用户需求为核心，致力于体现开放、合作、参与及知识共享特性的创新体系开发。

总之，基于开放式创新视角发展社区旅游，就是要从社区自身资源特色出发，从战略层面构筑由利益相关者组成的创新网络体系。社区旅游开放式创新体系的基本结构为，旅游目的地社区与外部利益相关者建立或强或弱的连接关系，由此形成一个以社区为焦点的动态的、开放的网络体系。相对于传统的封闭式创新体系而言，该创新体系中各利益相关者之间的连接关系均是可变的，社区通过可渗透性边界与外部创新成员交换创新知识、实现知识共创与成果共享。在开放式创新体系模式下，社区旅游创新不再单纯取决于其自身的创新能力，而是取决于其构建创新体系资源的丰富程度及其资源整合能力。具体来说，社区旅游创新取决于社区发现、识别和选择有潜力的创新体系参与者、继而与之建立合理的关系结构并实现对创新体系的有效管理的能力。

第四章 社区旅游实践的兴起与发展

西方发达国家早在20世纪80年代就已开展基于社区的旅游发展实践，由于历史、社会等方面的原因，我国的相关实践落后于西方，且存在区域间发展的不均衡。从社区建设角度看，西方国家率先兴起的社区营造思潮对基于社区的休闲、旅游产业的发展产生了积极影响，而日本和中国台湾地区在这一思潮的影响下开展社区营造实践，创造了众多成功案例。日本的造町运动是为了提振社区经济、实现社区生活品质提升而进行的社区建设活动，强调以地域社会现有的资源为基础，进行多样性的合作，使身边的居住环境逐渐改善，进而提高社区的活力。中国台湾地区的生活文创型社区的营造之路，则是以社区共同体的存在与意识作为前提和目标，引导和促进社区居民参与地方公共事务、培养公共精神，从而凝聚社区意识；再经过社区自主凝聚的创造力，塑造具有不可复制性的在地文化特色，从"人、文、地、产、景"等角度发展出一套贴近社区需求、利用社区文化资源、壮大社区内生动力的社会营造模式。日本和中国台湾地区的社区营造实践为我国社区旅游发展提供了可参考的模式和经验。

第一节 中外社区旅游实践概况

在欧洲、美洲、澳大利亚等发达国家，将旅游业与社区相结合的发展思路与方法自20世纪80年代起就得以实践，后来又陆续在亚洲的印度尼西亚、菲律宾、泰国等东盟地区国家和印度、尼泊尔等其他国家和地区出现。以往研究中提及的社区旅游典型案例涉及乡村[1][2][3][4][5]、城镇[6][7][8][9]、岛屿[10][11][12][13]、海滨和山地度假村[14][15]、文化遗产[16]、少数民族聚居区和原始部落[17]等多种类型的目的地。

我国社区旅游实践的早期案例主要集中于西南部少数民族聚居地区

---

[1] Hermans D, The Encounter of Agriculture and Tourism: a Catalan Case, *Annals of Tourism Research*, 1981 (3): 462-479.

[2] Long T P, Early Impacts of Limited Stakes Casino Gambling on Rural community Life, *Tourism Management*, 1996, 17 (5): 341-353.

[3] Cohen H J, Textile, Tourism and Community Development, *Annals of Tourism Research*, 2001, 28 (2): 378-398.

[4] Kneafsey M, Rural Cultural Economy: Tourism and Social Relations, *Annals of Tourism Research*, 2001, 28 (3): 762-783.

[5] Burns M P, Sancho M M, Local Perceptions of Tourism Planning: the Case of Cuellar, Spain, *Tourism Management*, 2003, 24 (3): 331-339.

[6] Eadington R W, Impact of Casino Gambling on the Community Comment on Pizamand Poleka. *Annals of Tourism Research*, 1986 (2): 279-282.

[7] Milman A, APizam, Social Impacts of Tourism on Central Florida, *Annals of Tourism Research*, 1988 (2): 191-204.

[8] Ritchie B R J, Crafting a Destination Visions: Putting the Concept of Resident-responsive Tourism into Practice, *Tourism Management*, 1993, 14 (5): 379-389.

[9] Ko G T, Development of a Tourism Sustainability Assessment Procedure: a Conceptual Approach, *Tourism Management*, 2005, 26 (3): 431-445.

[10] Loukissas J P, Tourism's Regional Development Impacts: a Comparative Analysis ofthe Greek Islands, *Annals of Tourism Research*, 1982 (4): 523-541.

[11] Kousis M, Tourism and the Family in a Rural Cretan Community, *Annals of Tourism Research*, 1989 (3): 318-332.

[12] Wyllie W R, Hana Revisited: Development and Controversy in a Hawaiian Tourism Community, *Tourism Management*, 1998, 19 (2): 171-178.

[13] Mitchell E R, D G Reid, Community Integration Island Tourism in Peru, *Annals of Tourism Research*, 2001, 28 (1): 113-139.

[14] Simpson P, Wall G, Consequences of Resort Development: a Comparative Study, *Tourism Management*, 1999, 20 (3): 283-296.

[15] Tomljenovic R, Faulkner B, Tourism and Older Residents in a Sunbelt Resort, *Annals of Tourism Research*, 2000 (1): 93-114.

[16] Lange, Frederick W, The Impact of Tourism on Cultural Patrimony: A Costa Rica example, *Annals of Tourism Research*, 1980 (1): 56-68.

[17] Susskind L, McKearnan S, Thomas-Larmer J, *The Consensus Building Handbook: A Comprehensive Guide to Reaching Agreement*, Thousand Oaks, CA: Sage Publications, 1999.

的旅游社区[1][2][3][4][5],近年来对广大农村社区[6][7][8][9][10]和以上海、北京、成都、苏州等城市社区[11][12][13][14][15]的研究也逐渐展开。尽管10多年来中国学者以"社区旅游"为研究目的的案例成果为数不少,不可否认的是,在中国这样的发展中国家,短期内社区旅游的实践还面临诸多困难并存在多方面限制因素。[16] 一方面,经济和财务上的相对匮乏使得决策者在社区参与规划的具体途径和预期困难方面准备不足,从而社区参与往往

---

[1] 洪颖、卓玛:《滇西北香格里拉生态旅游开发与藏族社区文化调查研究》,载《思想战线》2000年第26卷第6期,第81~84页。

[2] 孙九霞、保继刚:《社区参与的旅游人类学研究——以西双版纳傣族园为例》,载《广西民族学院学报(哲学社会科学版)》2004年第26卷第6期,第128~137页。

[3] 孙九霞、保继刚:《社区参与的旅游人类学研究——阳朔遇龙河案例》,载《广西民族学院学报(哲学社会科学版)》2005年第27卷第1期,第85~92页。

[4] 罗永常:《乡村旅游社区参与研究——以黔东南苗族侗族自治州雷山县郎德村为例》,载《贵州师范大学学报(自然科学版)》2005年第23卷第4期,第108~111页。

[5] 吴忠军、叶晔:《民族社区旅游利益分配与居民参与有效性探讨——以桂林龙胜龙脊梯田景区平安寨为例》,载《广西经济管理干部学院学报》2005年第17卷第3期,第51~55页。

[6] 黄洁、吴赞科:《目的地居民对旅游影响的认知态度研究——以浙江省兰溪市诸葛、长乐村为例》,载《旅游学刊》2003年第18卷第6期,第84~89页。

[7] 缪芳:《社区参与对古民居旅游开发及旅游容量的影响——以福建省福州市闽清县宏琳厝旅游开发为例》,载《辽宁师范大学学报(自然科学版)》2005年第28卷第3期,第355~357页。

[8] 张宏等:《自然保护区社区共管对我国发展生态旅游的启示——兼论太白山大湾村实例》,载《人文地理》2005年第3期,第103~107页。

[9] 余向洋:《古村落社区旅游的另一种思路——借鉴台湾社区营造经验》,载《黄山学院学报》2005年第7卷第5期,第42~44页。

[10] 赵倩倩、褚玉杰、赵振斌:《基于场所依恋的乡村社区妇女参与民族旅游问题研究——以新疆布尔津县禾木村为例》,载《资源开发与市场》2013年第29卷第8期,第859~862页。

[11] 汪宇明、程怡、龚伟等:《都市社区旅游国际化的"新天地"模式》,载《旅游科学》2006年第20卷第3期,第36~42页。

[12] 陈爱:《城市社区旅游开发研究——以成都宽窄巷子社区为例》,四川师范大学硕士学位论文,2010年。

[13] 孙剑冰:《从"文化标本"到"文化生活"——以苏州古典园林为资源的社区旅游发展模式研究》,载《旅游科学》2012年第26卷第4期,第1~7页。

[14] 曹阳:《上海都市社区旅游发展模式研究》,上海师范大学硕士学位论文,2013年。

[15] 时少华、宁泽群:《城市景区社区一体化中居民参与旅游发展的困境、成因与路径选择——以北京什刹海旅游社区为例》,载《华侨大学学报(哲学社会科学版)》2014年第1期,第45~51页。

[16] 张骁鸣:《西方社区旅游概念:误读与反思》,载《旅游科学》2007年第21卷第1期,第1~6页。

沦为形式而偏离社区旅游的内涵。更重要的另一方面在于，由于思想意识和社会发展所处阶段的差异，我国现阶段对社区旅游的认识还存在相当程度的误读和扭曲。西方国家将社区旅游作为一种新的理念或模式提出，是基于"帮助弱者""以人为本"等民主思想，这与我国自改革开放以来占主流地位的"效率优先""经济大发展"等发展理念并不相符。① 在向西方学习过程中，由于国情不同又缺乏深入思考，部分地区盲目照搬西方经验，或是将社区旅游简单当作一种产品进行开发，或是仅仅将其作为对旅游业经济成分的一种补充。即使看到了社区旅游作为一种实现目的地可持续发展的思路、模式或方法，也往往不能完整理解其内核。例如，尽管社区参与是社区旅游的重要内核，将"社区参与旅游发展"完全等同于"社区旅游"却容易使"参与"的概念在实践中被过分夸大，继而对社区居民积极社区意识的形成产生误导。

即便考察社区对旅游的参与程度，我国各地的发展也很不均衡。郑向敏等曾将有关实践划分为三个层次。② 其中，初级参与层次，仅限于社区在表面上被动参与旅游发展，参与人数少、范围窄，且社区居民主要基于短期现实利益的驱使参与旅游发展，因而对旅游的了解程度较低。目前我国大部分目的地表现出的当地居民对一些简单旅游项目的参与，如在景区内摆设零散摊位、出售简单商品、出卖劳动力、为景区建设打工等都属于这一阶段。而处于该阶段的目的地管理者也仅从纯粹的经济角度出发进行旅游规划与经营，容易忽视当地居民的愿望与要求。管理体制则通常采取自上而下的计划方法，难以唤起社区居民参与的积极性，参与效果无法保证。第二层次是积极参与层次。社区居民对旅游业的认识较为清晰，在参与过程中会较为注重对环境和资源的保护。但与第三层次相比，社区参与的深度和广度尚有不足，社区参与形式仍简单停留在配合旅游业发展层面。目的地管理部门能够有意识地引导居民积极参与旅游，在规划与决策过程中不仅能够约束自身行为，也能监督和指导社区群众和消费者的行为。我国只有少数经济较为发达地区的社

---

① 王成超：《我国社区旅游实践的扭曲与反思》，载《海南师范大学学报（自然科学版）》，2010 年第 23 卷第 3 期，第 104~107 页。

② 郑向敏、刘静：《论旅游业发展中社区参与的三个层次》，载《华侨大学学报（哲学社会科学版）》2002 年第 4 期，第 12~18 页。

区参与旅游发展能达到这个层次。第三层次是成熟社区参与层次。社区居民从心理上接受并渴望发展旅游业,对于自身在旅游发展过程中的地位与作用有较为清晰的认识,因而对旅游业能够积极地全方位参与。目的地已形成完善的社区参与机制,居民参与贯穿旅游发展的全过程。

当然,从大部分地区社会生产的实践来看,旅游只是社区经济发展的一种选择,旅游发展也仅仅是推动社区发展的一个途径,但是作为一种以社区为核心的旅游发展模式,社区旅游必然以社区参与为核心策略,以维护整个社区系统的利益为根本目标。以此作为对社区旅游实践的最重要的考核标准,不难看出,我国社区旅游发展正处于由低级参与层次向高级参与层次过渡和转化的阶段。作为一种旅游规划方法、旅游发展创新思路与模式的社区旅游发展水平有待进一步提升。

保继刚和孙九霞对比了中西方社区参与旅游存在相同与不同之处,他们认为,尽管社区参与的目的都是基于利益驱动,但中西方的社区参与存在明显差异。[①] 对西方社会而言,旅游是推动当地社区发展的众多力量之一,而在中国的许多欠发达地区(尤其是西部社区),旅游发展常常是当地社区发展的主导力量,有时甚至是唯一有效的选择。旅游发展社会意义的不同,使得中国的社区在参与旅游事务中往往以发展经济为首要目标,更注重增加居民收入、为剩余劳动力提供就业机会、提高居民生活质量等单纯的经济利益诉求,而忽视旅游的消极影响或对其缺乏应有的认知。与之相比,尽管西方社会也追求旅游发展的经济利益,但同时看到了旅游所带来的或潜在的负面影响,如文化传统丧失、通货膨胀、土地价格上升、环境破坏等。西方社区,特别是曾有过被殖民、占领历史的土著社区往往会更看重自己的文化并将其与特定的领土联系在一起加以强调,不会一味地迎合旅游开发的需要而舍弃自身的文化和土地开发权益。

中西方在旅游发展理念上的不同与各自所处的旅游发展阶段有关。经过了半个多世纪的大规模发展,西方国家对旅游业可持续发展的认识更加深刻,对于社区参与在旅游可持续发展中的意义更为重视。而我国的旅游发展阶段远远落后于西方,对社区旅游的关注较晚,在经济驱动

---

① 保继刚、孙久霞:《社区参与旅游发展的中西差异》,载《地理学报》2006年第61卷第4期,第401~413页。

为主要动力的旅游发展理念下,解决温饱和走向富裕成了没有其他支柱产业的地方政府的最佳选择,这与关注社区权利和意愿、关注社区发展的西方旅游发展目标存在很大差别。理念上的差异进一步体现在了社区规划方法上。西方的旅游规划充分体现了社区参与,常用方法是"基于社区的旅游规划方法",其基本原则为:①使当地居民一直参与规划过程,并能和规划者互相交换信息和观点;②为当地居民提供实时监控旅游开发的方法;③旅游开发项目和计划要与传统生活方式互补,同时还要提供商业机会和就业岗位。"社区生态系统方法"则要求社区利益相关者齐心协力,在开发战略的规划和实施中保证经济、社会、环境的协调发展。

在参与旅游事务的具体过程中,中国的社区在与政府和企业的力量对比中往往处于弱势:由政府主导、政府和开发商联合决定旅游开发的情况较为普遍,而目的地社区往往力量弱小,不足以抗衡强势集团,再加之中国民间组织发育不全,社区几乎都是被动参与旅游,被决定、被包装、被表达、被展示的状态较为常见,其利益和诉求得不到充分表达甚至被忽略。特别在广大农村地区,在观念、政策、行政管理等方面,农民往往处于被动的弱势地位。而在西方国家,政府在旅游规划上只是介入一些基础性的工作,其社区、企业、政府等各参与方之间力量对比相对均衡:政府相对主导、企业依赖市场化运作、非政府组织可以发挥援助和制衡力量,社区可以与政府和开发商抗衡以维护自己的权益。

当然,我国社区力量的弱势地位是有其形成的历史和社会原因的。从历史上看,西方社会中的公众参与已经经历了很长的发展阶段,公众通过参与政治和用民主化的方式改造社区、参与地方社会经济发展的意识一直在增强。在具体操作层面,社区的参与已经是发展规划过程的组成部分。公众听证会、咨询委员会、社区调查、社区会议、环境影响估价、顾问委员,以及这些方法的交互使用是提高社区参与水平的主要方法。[①] 而我国作为正迈向民主化的典型的发展中国家,政治、经济、社会、文化等都面临着一系列调适和变革,公民意识尚未确立,政府层面大力推动公民社会的发展还有很长的路要走。

---

① 刘金龙、彭世揆:《中国和加拿大在发展中社区参与的比较》,载《南京林业大学学报(人文社会科学版)》2002年第2卷第1期,第68~73页。

从社会的原因分析，民间组织的发育程度不同、土地所有制不同也是造成我国与西方社区参与状况不同的主要原因。西方国家的民间组织力量相对强大，形成了小政府、大民间的格局。在西方国家，社区发展和社区工作是民间组织的工作目标之一，这些民间组织不仅可以为社区发展提供经费来源、志愿者服务，还可以为政府决策部门提供专业咨询意见，代表社区利益制约甚至对抗外来开发商的行动。我国的民间组织相对于强大的政府和庞大的私人部门而言显得尤其弱小，这使得社区利益的维护缺少了一支重要力量。

土地是旅游项目开发中重要的公共资源。对土地与生俱来的所有权，使得西方社区在选择旅游开发、经营和利益分配方式上拥有更多的主动权。而中国的土地都归属国有，农民对于土地只有使用权，因而在旅游项目开发时，农民一般也只能接受政府对土地的征用条件，而没有拒绝和选择的权利。大多数情况下，旅游项目经政府决策、开发商进行商业评估后经集体土地代理人同意就可以签订合同，是否征询农民的意见并不影响旅游项目的立项和推进。这样，开发商或政府由于掌握了权力和资源而成为旅游参与中的强势群体和占主导地位的利益主体。而社区农民虽然或多或少地参与了一些旅游业，却往往处于弱势地位，仅仅在旅游业中扮演"相关者"角色。

总体来看，虽然我国学者已经认识到社区参与旅游发展是旅游可持续发展宏观系统中不可或缺的机制，但由于文化的、历史的、社会的诸多因素，中西方社区旅游实践存在诸多差异。中国的社区旅游还处于以学者为先导而寻求一种旅游发展指导思想的时期，通常作为提供给政府制定政策时的参考建议，也是政府遇到社区问题时寻求的解决问题途径，[1] 真正在旅游规划和管理中的应用还只是个别的尝试。目前，我国社区发展中尚缺少一种激励机制来引导群众自觉参与，[2] 拓展渠道让社区居民主动参与到旅游发展中来是促进社区旅游实践的重要工作。从可持续发展视角看待社区旅游，可以广泛借鉴中外社区建设的实践经验，

---

[1] 保继刚、孙久霞：《社区参与旅游发展的中西差异》，载《地理学报》2006年第61卷第4期，第401~413页。

[2] 诸葛仁、陈挺舫、特里·德拉西：《武夷山自然保护区资源管理中社区参与机制的探讨》，载《农村生态环境》2000年第1期，第47~52页。

融合旅游业发展的特殊性和区域发展要求,从而推进社区旅游的发展。

第二节　日本及中国台湾地区的社区营造实践

"社区营造"始于联合国1951年通过的390D号议案,旨在向全球推广一项"社区发展运动",倡议通过政府有关机构同社区内的民间团体、合作组织等通力合作,发动社区居民自发地投身于社区建设,促进社区的协调与整合,从而为地区找到一条有效发展的道路。[1] 1955年联合国发表的《经由社区发展实现社会进步》一书提出基于社区居民的需求进行居民自助、合作参与及政府提供协助是社区发展成功的重要原则。1961年联合国文件《社区发展与经济发展》再次强调了上述原则。此后,经济高速增长和都市化进程对地方社会和人居环境造成的威胁日益凸显,大规模城市建设造成的城市发展无序、地方性减弱、邻里关系淡漠等问题引发人们关注。在欧美发达国家,学者们对远离城市真实生活的城市规划理论、城市模式以及机械的、单一功能导向的城市改造工程进行了批评,认为这些造成了城市多样性和活力的丧失。[2] 联合国倡导的社区发展计划最先在英国、美国等工业化较早且直面工业化带来的城市弊病的发达国家展开,进而在全球100多个国家得以推广。

20世纪70年代,社区营造作为一种社会思潮影响到日本,90年代波及中国台湾地区,在东亚地区形成了广泛而深入的社会影响。与西方国家的社区营造实践相比,其背景与缘起虽各有差异,但问题都聚焦在经济的快速发展导致人口与设施过度集聚于都市,更兼不当开发所导致的地方没落。同时,日本以及中国台湾地区的社区营造特别注重对传统景观的保护、活化,注重生活空间、生活传统的延续,在数十年的社区营造过程中创造出许多经典案例,对我国大陆的社区建设具有启发意义。

---

[1] 胡澎:《日本"社区营造"论——从"市民参与"到"市民主体"》,载《日本学刊》2013年第3期,第119~134页。

[2] [加]简·雅各布斯:《美国大城市的死与生》,金衡山译,译林出版社2006年版。

一、日本的"造町运动"

(一)"造町运动"的发展概况

20世纪六七十年代的日本处于战后经济高速发展时期,城市化累积造成许多环境及社会问题。随着乡村青壮年人口大量外流到东京、大阪、神户等大都市,乡村人口老龄化、村庄衰落、社会矛盾凸显,且一些本土环境与传统民俗文化由于大肆开发而遭到破坏。为解决上述经济发展的负面效应、保持地域的多样性和独特性,发掘地区传统文化潜质,70年代日本民间自发组织起"重建魅力故乡"的草根运动——造町运动。所谓"町",并非局限于一个城市、一条街道或是街区,而是指聚居在一定范围内的人们所组成的社会生活共同体。因而,"造町运动"是指居住在一定地理范围内的人们为保护生活环境、提高生活质量,持续以集体行动来共同面对社区生活议题,在解决问题的同时创造共同的生活福祉,在此过程中,居民与社区环境、居民相互之间建立起紧密的社会和心理联系。

"造町运动"以毕业返乡的青年深耕故土、重振乡村为伊始,逐渐由农村扩大到都市,成为全民社会运动。"造町运动"最初围绕发展地方产业、振兴经济展开,后来扩展到社会生活的各个层面,包括改善景观环境、保存历史建筑、促进健康与福利、生态保护等。日本学者宫崎清主张将其议题分为"人""文""地""产""景"五大类。其中"人"指社区居民,即满足社区居民共同需求、经营人际关系、创造福利等;"人文"指文化资源,即继承和发展社区共同的历史文化、开展文艺活动、对市民进行终身教育等;"地"指自然资源,即保护自然环境和社区环境、促进可持续发展;"产"指生产资源,即社区的产业与经济活动;"景"指景观资源,即社区公共空间的营造、生活环境和独特景观的创造等,[1] 具体如图4-1所示。

---

[1] 刘晓春:《日本、台湾的"社区营造"对新型城镇化建设过程中非遗保护的启示》,载《民俗研究》2014年第5期,第5~12页。

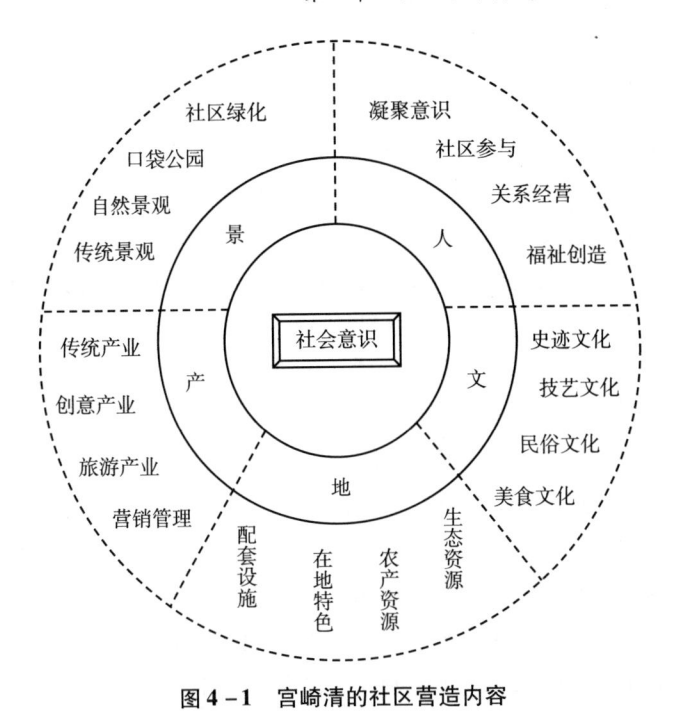

第四章　社区旅游实践的兴起与发展　69

图 4-1　宫崎清的社区营造内容

资料来源：李志敏、汪长玉：《台湾生活文创型社区的发展历程及开发经验》，载《经营与管理》2016 年第 8 期，第 23～27 页。

日本的"造町运动"经历了三个阶段。第一阶段自 20 世纪 70 年代至 80 年代中期，这是"造町运动"的勃兴时期，主要解决被高度经济增长摧残得支离破碎的生活环境等课题，以社区协议会或自治会为中心负责推动，以传统的领袖代表制方式运作，如神户市丸山地区针对公害问题进行的抗争。第二阶段是 20 世纪 80 年代后期，从社区的内部寻求实践方法，配合相关法制制度予以支援，累积了许多成功的社区营造案例和实践方法，如北海道函馆市对于明治末年至昭和初期西洋式建筑的活化再利用。第三阶段则是经历了 1995 年阪神、淡路大地震之后的社区重建，以及面临少子化、高龄化社会的出现，社区营造进入一个新的时代，即多样性主体互相彼此协调，实现"透过社区营造达成共治的理想"。[1]

---

[1] 刘晓春：《日本、台湾的"社区营造"对新型城镇化建设过程中非遗保护的启示》，载《民俗研究》2014 年第 5 期，第 5～12 页。

(二) 案例：家岛町的社区营造

家岛群岛位于日本濑户内海东部播磨滩，隔着濑户内海与兵库县姬路市相望。家岛群岛由44座岛屿组成，但有人活动的岛屿只有4座。家岛作为其中最大的岛屿，人口也较为集中。2002年，家岛町人口不足8000人，且正在急剧减少，原因是作为当地主要产业的采石业由于公建项目减少而陷入低迷、相继歇业。①

1. 专家组介入及家岛町导游手册的编制

为复兴经济，家岛町公务所成立了"家岛复兴计划策定委员会"并邀请外来专家加入。此前委员会的讨论主题为采石业的振兴，在专家建议下开始重新审视岛上的生活全貌，并以此为契机召开了"城镇设计研修会"。

专家团队通过"研修会"与家岛町管理者进行沟通，继而在家岛展开持续的户外调查。2003年，家岛町举办了论坛会议，专家组与其他地区从事城镇设计的专业人员和家岛町居民进行交流互动。在上述调查、交流的基础上，2004年编制了家岛町导游手册。

与以往官方制作的导游手册不同，此次导游手册没有过多地介绍赏樱胜地、风景优美的山顶广场、独具特色的当地神社等其他地方也能欣赏到的观光胜地，而是突出了让岛外游客直观感受家岛魅力的事物。在手册编辑期间，专家组没有依赖行政组织，而是开展了一项名为"岛屿探索"的项目，让岛外游客自主开展活动。

"岛屿探索"项目通过向有社区营造专业的大学发送宣传单、网站或博客发布等方式每年召集30余人，参加为期7天的活动：第1天是项目概况说明及关系熟络，第2天学习家岛历史文化与户外调查的技法，第3天到第5天进行三天两夜的岛屿探索，第6天召开照片收集成册的编辑会，第7天领取制作完成的册子及参加庆祝会。该项目自2005年起持续了5年，其目标为：通过让参加者深入家岛生活、探索岛屿，将岛外来客发展成家岛的粉丝；向岛内居民咨询家岛内是否存在令岛外来客一见倾心的风景和项目。

2005年"岛屿探索"项目的主题为"拜访家岛"，向参加者展示家

---

① [日] 山崎亮：《社区设计》，胡珊译，北京科学技术出版社2019年版。

岛居民把家中闲置物品拿到户外循环利用的生活习惯。2006年组织参加者探访挖山采石、碎石搬运的现场，展现不同寻常的风景。2007年组织参加者在岛内居民家留宿，体验"岛内款待"。2008年借用空置的房子，通过自力更生发掘岛屿特征。2009年组织参加者体验岛内各行各业的工作，为劳动者们制作海报。集合照片的册子每年印刷1500本，除参加者领取外，其余放置在岛内各个场所或分发到大阪、神户等地的大学或咖啡厅里。

在项目实施过程中，专家组发现岛外游客与岛上居民对旅游吸引力的认识存在较大差异。为了向岛内居民证实这种差异，项目组又开展了"岛屿明信片"活动。专家组把家岛风光和不同生活场景制作成200种明信片在家岛的港口及大阪市内的两处场所进行展示，并提供免费领用。明信片领用的结果显示，家岛"脱销"的明信片是远眺的风景照片，而大阪脱销的明信片则是放置在室外供循环利用的冰箱或采石用的巨大铁爪。通过这次活动，岛内居民开始认识到岛内视角与岛外视角的区别，并理解都市人真正喜爱的风景。

项目推进过程中，专家组发现最初探索家岛的这部分游客成为家岛的忠实粉丝，甚至因为在家岛真正生活过而视其为第二故乡。

2. 编制《家岛社区营造读本》及制定综合振兴计划

2004年，专家组在家岛町管理部门建议下吸收当地居民参与制定家岛的综合振兴计划中来。专家组公开招募了100位居民，以小组讨论的形式讨论综合振兴计划的内容，并以研习会的形式开展交流对话，以居民提议的社区营造活动为基础制订了综合振兴计划，并最终按照研习会提案内容编辑成《家岛社区营造读本》。为在社区营造中呈现自助、共助的关系，《读本》将提案内容按照实施人数分为"1个人能做到的事""10个人能做到的事""100个人能做到的事""1000个人能做到的事"等章节，该读本印刷后分发给岛上各户居民。

3. 设立非营利组织（NPO）法人及特产开发

在专家组帮助下，岛上一批热心阿姨申请取得了NPO法人认证。该组织致力于把家岛出产的鱼贝类开发成土特产进行销售，并用所得收入开展社区营造互动。近年来，"家岛"NPO参加官方及民间交流，向外界介绍家岛的魅力，开发、包装设计并推介家岛土特产，并通过社交媒体传播家岛新闻。

4. 空置房屋改造的旅店项目

2008年开始，专家组实施将岛上空置房屋改造成旅店的项目。专家组采用巧妙的方法说服岛内居民把空置房屋租给那些从世界文化遗产姬路城奔赴广岛的中转旅客：用日式房间隔断的样式隔离房东的生活空间以及不希望有外人进入的房间，在其他空间运营旅馆。通过这一项目，岛上空置房屋得到了充分利用，提高了居民收入。

除上述内容外，专家组还提议家岛管理部门设立了专门的社区营造基金，为家岛的持续建设提供资金支持。当地旅游业走上正轨后，专家组为当地居民开展礼宾员培训，使其逐步具备独立运营的能力。

总体来看，家岛的社区营造经验可以总结为以下几个环节：通过运营社区营造研究会、为深入了解社区而开展户外调查、以外部视角发掘地区魅力的岛屿探索活动、居民参与的综合计划制订、社区营造基金设立、土特产开发及地区公益事业、活用空置房招揽外国人上岛游玩的旅店项目、观光礼宾员培训等，层层推进当地居民有组织地参与社区建设。[1] 在此过程中，专家组与当地管理部门密切合作，不仅调动了当地居民参与社区事务的热情，还向其传授运营项目的诀窍，引导当地社区探索与其他地区的合作，为其培养自立社会团体。家岛的社区营造实践是日本"造町运动"中众多案例中的一个，充分体现了日本社会在经济快速发展之后对社会发展问题的反思力量。日本的社区营造思潮从都市萌发，却在萧条的乡村中蓬勃发展，也是使日本能成为人们长居久留之乡的根本力量。[2]

二、中国台湾地区的社区营造

（一）台湾地区的社区营造历程

1993年，台湾地区行政事务主管机关下属的"文化建设委员会"

---

[1] ［日］山崎亮：《社区设计》，胡珊译，北京科学技术出版社2021年版。

[2] ［日］西村幸夫：《再造魅力故乡——日本传统街区重生故事》，王惠君译，清华大学出版社2007年版。

在题为"文化建设和社会伦理重建"的专题报告中呼吁"透过文化策略的发展,落实社区意识与社区伦理的重建",开启了社区总体营造政策的序幕。① 1994 年,该机构提出"社区总体营造"概念,并辅以"充实乡镇展演设施计划"和"辅导美化地方传统文化建筑空间计划""社区总体营造奖助办法""生活环境总体改造计划"等一系列政策,开启了中国台湾地区持续二十多年的社区营造实践。② 至 1999 年"9·21"地震,社区营造理念在灾后重建中得以实践与检验,主管部门与社区组织、专业的非营利组织及其他民间团体为灾后重建形成政策伙伴关系,进而扩大了其社会影响。

从 2002 年起,社区营造政策提升为中国台湾地区级计划。以"新故乡社区营造计划"为重点的一批社区营造项目全面展开。"新故乡社区营造计划"包括体现社区营造整体性思维的"活化社区营造组织""整合社区营造资源"行动,重建地方社会生活的"原住民新部落运动""新客家运动",以及关怀社区特定群体的"医疗照顾服务社区化"行动,将社区营造的五大主题"人""文""地""产""景"都涵盖在内。2005 年推出的"台湾健康社区六星计划"以"社区主义"为核心价值,将"产业发展、社福医疗、社区治安、人文教育、环境景观、环保生态"作为社区营造的六大面向,重视社区的主体性及自主性,开启了社区营造蓬勃发展的新阶段,社区营造工作由示范"点"的经营向注重各行政部门的整合衔接以及资源的有效配置以实现持续成长而转变。

2008 年,"文化建设委员会"提出的"磐石行动:新故乡社区营造第二期计划"成为台湾地区社区营造转型期的起点。该计划从"地方文化生活圈"的概念出发,借由"行政社造化""社区文化深耕"和"社区创新实验",以期达到"强化地方自主互助""促进社区生活与文化融合""激发在地认同情感""开创在地特色文化观光内涵"的目的。③ 2012 年,秉持"泥土化""产值化""国际化"和"云端化"四

---

① 林万亿:《台湾的社会福利:历史经验与制度分析》,五南图书出版股份有限公司 2006 年版。
②③ 莫筱筱、明亮:《台湾社区营造的经验及启示》,载《城市发展研究》2016 年第 23 卷第 1 期,第 91~96 页。

大理念，中国台湾地区推行"村落文化发展暨推广计划"。2014年以实验性质推出"青年村落文化行动计划"等，着力于社区营造政策的创新与突破。这一时期的社区营建政策开始思考如何突破"点"的界限，朝向"线"的串联与"网络"的构建，以期达成"面"的目标。

总体来说，中国台湾地区的社区营造参考了日本社区营造的理念，即"由社区内的居民自发地从事自己社区的经营建造，以凝聚社区意识进而改善生活品质"，但其工作方法融合了日本和欧美理论与实践的综合体——日本的"造町运动"偏重于环境改造与产业振兴；英美的"社区复兴"比较偏重于社区福利与住宅环境提升。

（二）案例：中国台湾地区的生活文创社区营造

中国台湾的社区营造实践在经过了点的示范、线的联结、面的扩散后，逐渐形成了自己的特色：注重文化与生活的结合、对社区生活文化特色元素进行多维度开发，发展出生态文创、产业文创、工艺美术文创、古迹文创、族群文创等不同主题的社区特色。目前中国台湾的生活文创社区已经成为其社区营造的重要特色，体现了社区生活的方方面面，例如，以生态资源为主题形成的生态文创社区；以产业资源为主题形成的产业文创社区；以传统工艺为主题形成的工艺美术社区；以古迹文化为主题形成的古迹文创社区；以族群文化为主题形成的族群文创社区等。

1. 生态文创社区

生态文创社区以社区当地特色的自然环境和人文风貌为主要营造元素，注重以相对原始、自然、朴素的开发方式呈现社区风貌，引导社区居民充分挖掘自然、人文与环境资源的价值，实现社区可持续发展。

桃米村位于中国台湾地区南投县埔里镇，长期以来因为交通闭塞、农业经济衰落而成为贫困村。在1999年"9·12"地震中，桃米村受损严重。震后重建中，桃米村在地方政府部门及"新故乡文教基金会"的支持下，以启发村民的自我意识觉醒为起点，充分挖掘当地丰富的生态物种、原生植被、溪流山峦、湿地等特色资源，治理社区环境，发展旅游业。经过十几年的实践，桃米村从一个老旧没落乡村社区转型为融有机农业、生态保育、文化创意为一体的台湾地区生态社区可持续经营的典范。

生态资源是桃米村的最大特色，也是其震后发展的唯一资源凭借。在生态专家指导下，桃米村民充分利用青蛙种类繁多这一特色，全域打造青蛙主题的文化符号，并围绕这一主题开发青蛙手工制品等周边产品并进行宣传推广、整体改造社区环境，发展出解说员、餐饮及民宿业等社区产业。桃米村作为全台首个青蛙观光主题社区实现了农业经济向旅游服务业的转型。

桃米村重建中注重生态环境的修复。通过发起"护溪"行动，桃米村治理了曾经污染严重的桃米溪，修复了200多个池塘湿地并开发了一系列湿地公园景点。同时，在桃米溪旁设置了关于生态资源保护的多个展牌，宣传环保理念，提升村民责任感与自豪感。

桃米村从日本引进了神户地震后为鹰取社区设计的"纸教堂"，以此作为开展重要活动的社区生活中心以及体现桃米社区精神和生态文明信仰的精神符号。围绕"纸教堂"，改造"丁芳池"作为景观池塘，设立生态文化见习园区作为举办音乐会、展览、研讨、讲座、技艺学习的文创园区，为当地村民与游客提供了参观打卡、休闲、交流及购物场所。

在桃米村社区营造过程中，充分挖掘当地特色生态资源、融合外部专家资源及内部村民智慧共建社区是其成功的核心要素。以社区为基础的旅游及生态产业发展不仅使村民摆脱了贫困，还为村民创造了高质量的社区生活环境，提升了村民自主发展能力及幸福感。

2. 产业文创社区

产业文创社区以社区当地的特色产业为主要营造元素，结合地方文化的加值、转化、创新，塑造独特的社区形象，提升社区的经济与社会发展水平。

1967年，中国台湾地区新北市泰山区曾是全球最大的芭比娃娃代工厂——美宁工厂的所在地。设厂期间，全世界的芭比娃娃近八成产自泰山区，1/3的当地居民就业与"芭比经济"紧密相连。然而，自1987年起芭比娃娃品牌所属企业美泰公司将产业外移，泰山区逐渐凋零没落。

1998年泰山区开始以娃娃制造产业资源为依托重塑经济。社区居民于2008年自筹资金组建美宁工坊，着手研发具有传统文化和民族风格的"泰山娃娃"。在经历了艰难的自主设计与生产后，美宁工坊成功开发出1000多款娃娃，并通过精致客制化路线塑造高端的产品形象、传递幸福、温馨的品牌理念。娃娃制造产业不仅盘活了社区经济，提升了社区形象，还带动了社区旅游业的发展。当地建设的泰山娃娃产业文化馆，成为吸引游客并展示当地娃娃制造产业历史的特色景点。

3. 工艺美术社区

工艺美术社区以社区自有工艺为主要营造元素，以振兴工艺并引导其自主发展为目的，通过工艺学习、研究、创新、生产和使用等活动，挖掘工艺在社区经济、社会、文化领域的价值，塑造社区工艺文化，形成独特的社区发展模式。

白米村位于中国台湾地区宜兰县苏澳镇，因村子周边围绕着制造水泥原料的白色矿石而得名。为复苏经济，百米村曾以矿石加工作为主要产业，却因此破坏了当地生态环境，一度成为台湾地区落尘最高的地区。

1993年，白米村成立自救组织，从控制粉尘、改善环境入手，团结村民寻找社区营造之路。在考察社区特色资源的基础上，最终将木屐工艺作为社区营造的主要资源。通过与专家和著名木屐师傅开展经验交流，白米村居民积极参与到彩绘木屐、巨型木屐、木屐挂件、木屐创意订书机等特色产品的设计中。除了销售木屐制品，白米村还开设木屐操、木屐歌等互动体验活动吸引游客体验木屐村的独特生活，向游客传递生活价值观。

白米村着手改善社区环境，除就地取材改造村中废弃厂房宿舍作为木屐工作室、木屐街坊、白米客栈及白米文史工作室外，还专门建成白米木屐文化馆展示样式独特、种类繁多的木屐，并设置艺术品商店和木屐教室为游客提供木屐定做服务。

白米村通过组建守望相助队、妈妈教室、读书会、长寿俱乐部及环保促进会等社区组织，积极开展各项文化活动，活跃居民生活并提高了社区凝聚力。

白米村社区营造的成功首先在于社区居民对自身环境空间、历史文化、地方特色文化的认知，而社区营造所衍生的经济发展、环境建设、社会文化生活成果以及居民对社区的归属感、荣誉感是白米村实现可持续发展的基础。

4. 古迹文创社区

古迹文创社区以古迹、遗址等文化资源为主要营造元素，在对其进行保护的基础上，将现代元素与之进行结合并导入社区营造活动中，形成主题鲜明的文化、旅游活动并发展相关产业，从而为传统社区注入生机。

桃园县大溪老街涵盖和平路、中山路、中央路三条历史街屋，是桃园一带发展最早的一条商业老街。日据时期施行的街道改造计划将大溪和平路拓宽，产生了牌楼立面与骑楼空间。此后，大溪镇街市兴起了建屋风潮，在日式巴洛克式浮雕山墙中混入中国龙图腾等本土建筑色彩，筑起一幢幢堪称欧洲建筑和中国古代建筑风格完美结合的精致美丽的楼坊。然而，随着时代变迁，大溪老街繁华不再，古老的建筑日渐破损，无规划的开发也使往日极具特色的街景风光不再。

1996年，当地居民成立"大溪镇历史街坊再造协会"，着手开展大溪老城区的保护活动。居民自费改造店家招牌，实现街道改建。当地政府通过开展"和平老街传统空间美化工程"，以传统木器为特色发展出相关产业及特色生活，带动了旅游业的发展。

5. 族群文创社区

族群文创社区以族群在生产、生活过程中形成的独特文化为营造要素，通过挖掘族群文化在语言、风俗、习惯和文学艺术上的特有气质形成社区特色，在与各地文化相互融合、形成相关产业的同时，实现社区经济利益提升与文化传承。

新竹县尖石乡镇西堡意为"第一道曙光最早照到的地方"，是台湾地区少数民族之一泰雅人的一个聚居部落。由于交通不便、资源匮乏，长期在经济、社会发展中处于落后地位。近年来，镇西堡与其他原住民部落一样，在外来文化冲击下，原有的部落文化逐渐凋萎。面对发展困境，当地逐渐意识到部落代表性的传统文化是其发展的最大资产。1999年底，当地成立新竹县泰雅人的"部落永续发展协会"作为部落营造的组织机构，旨在助力泰雅人文化、技艺、知识的传承与发展，增强其民族认同感，实现部落的可持续发展。

在当地社区营造过程中，协会策划并组织了一系列活动：申请新竹县部落总体营造试点计划；开办传统编制班、雕刻班、部落解说员培训班等，使部落成员了解族群的传统思想和文化知识，掌握部落工艺品的制作技能；开办部落营造课程，邀请社区工作者及文化、生态专家到部落讲课及交流经验，并将录像用于部落内部交流与讨论，使部落居民就社区营造方案达成共识。在部落成员参与下，镇西堡以文化旅游产业的方式将部落文化符号落实为具体的规划设计方案：建造传统谷仓、绘制族群图腾并在重要路口兴建瞭望台作为路标，从而将传统文化元素以物质形式进行包装，打造成旅游产品。

相对于社区营造实践而言，族群文创社区的营造更加关注族群成员精神和心理层面的塑造，同时，社区营造对于族群社区可持续发展的意义也尤为重大。通过社区营造不仅可以使族群成员意识到优美的自然风光、生态环境及传统文化符号的宝贵，还可以提升其传承、促进族群文化、经济发展的自觉性，有利于保持族群成员间分享互助的精神以及关心、参与公共事务的自觉性，实现族群对自身文化的认同感与凝聚力。

总体来看，从"自上而下"的相关部门主导社区营造，到"自下而上"的居民主导社区营造，中国台湾地区经历了社区的点、线、面的发展过程。在引进日本社区营造主题资源"人、文、地、产、景"理念的基础上，结合地域特色文化和生活文化的实际情况，在营造过程中创造出了独特的模式，形成了主题鲜明的特色社区。

中国台湾地区的社区营造过程可以概括为"融合——转化——反思——再构建"几个阶段。在营造过程中，思考社区自身特点、结合所处的阶段选择营造主题尤为重要。其主题选择一般按照如下流程展开：首先，从宏观层面对社区文化特色展开调查、进行全面了解，分析其构成元素，作为确定社区营造主题的依据。其次，对社区最重要的文化资源进行评估，形成社区营造的主线。最后，结合时代特色创新文化元素，实现社区文化活化。

为配合社区的发展过程，中国台湾地区有关部门也在不同阶段采取了不同的支持和引导措施。在第一阶段的融合过程中，重点关注社区资源之间、社区居民与相关部门、社区产业之间的融合问题。在第二阶段的转化过程中，注重从社区资源向产品价值的转化，体现出历史资源的现代价值、文化产品、生态资源的经济价值、社会价值，并在资源的转化中形成社区的文化符号。在第三阶段的反思过程中，重点探讨社区凝聚力提升问题、社区营造元素持续性问题、社区资源分配问题等，从而有助于突破社区营造进程中的瓶颈，进一步提升社区营造能力。在第四阶段的再构建过程中，以可持续发展为理念，对社区总体营造体系进行整理，通过跨社区资源整合对现有营造体系进行创新。

三、日本以及中国台湾地区的社区营造对中国大陆社区旅游发展的启示

日本造町运动，以及中国台湾地区的社区营造，对于中国大陆广大的城市与乡村以社区为基础的文创、休闲及旅游业的发展具有启示意义。在经历了几十年的高速发展后，中国的城市建设作为发展重心，与广大乡村的差距逐渐拉大，"城市病"、乡村"空心症"在当今也成为亟待解决的社会问题。特别在广大农村地区，大量的青壮年劳动力外流，"空巢老人""留守儿童"、妇女成为这些社区的主要人口，导致众多"留守村"的形成。这不仅造成乡村经济发展乏力，还使得家庭成员及社区成员之间的情感维系和人际交流面临多重危机。许多农村地区原有的小农经济生产方式经受挑战，本土文化、传统手工技艺、建筑工艺等面临着流失的威胁。

日本的造町运动在前期致力于经济的振兴，通过发展地方产业、发展观光旅游、保护手工业、改善社区基础设施、重建社区与外部联系等方式重振人心。在造町运动中，规划、建筑、景观、地方品牌形象塑造等设计学方法扮演了重要角色，形成了具有日本特色的"社区设计"模式。与以"重振经济"为核心的日本造町运动相比，台湾地区的社区营造更强调以"可持续发展""由上而下""发展地方特色""共同参与"等为核心理念。其中，台湾地区的文化创意产业以挖掘社区文化的独特性为核心，通过内容生产形成核心知识、高质美感及深度体验来创造资源的经济、社会及文化价值。基于对"文化即生活"的思考，台湾地区将"文化"定义在更加广义的层次，创意的挖掘来自生活的方方面面，如食艺游憩、自然乐活、心灵空间、茶禅一味、原乡风情、人文风尚、传艺体验等，形成了独特的"生活文化创意产业"。台湾地

区的社区文化创意产业与生活紧密联系在一起，正因为文化创意来源于生活且服务于社区生活，文化产业的发展源于对生活的思考且映射到生活的各个层面，社区营造的过程中才能形成"自下而上""全民参与""集思广益"的局面，才能获得广泛的社区力量的支持。

虽然日本的造町运动，以及中国台湾地区的整体营造在实际成就与效果上还存在争议，但不可否认，作为以社区为基础的区域发展模式，它们对于社区环境治理、生活品质提升、地方文化的弘扬以及产业发展等具有积极的意义。通过调动起广泛的居民参与，在社区建设中，唤醒了社区意识，加强了居民的社区认同感，提升了社区凝聚力，这对于中国大陆的社区营造与建设具有借鉴意义。

另外，从操作层面来看，日本以及中国台湾地区社区营造所倡导的"社区民众参与"对于中国大陆社区实践也具有启发意义。以往由政府主导的社区治理往往具有较大的局限性：首先，由政府主导或组织的社区建设，往往侧重于从政策、经济、产业的角度来解决问题，而各个社区的具体条件是不一样的，笼统宏观的规划会在一定程度上会削弱社区的独特性，忽略差异化的社区需求；其次，从上至下的社区治理手段并不能从根本上挖掘当地人们的主观能动性，没有激发村民的热情、形成凝聚力从而让社区有一个持续而又自发性地改变。相比之下，社区民众的参与给予民众表达意见及实际参与的机会，可了解社区居民的问题与需求，可借由参与过程分担沟通协调成本，增加社区营造工作的可执行性，可借由规划者与民众的互动，引发一连串社会学习的过程，通过学习与操作的结合，积累实用的社区营造知识，进而发展开创性的问题解决方案。因而，社区居民的参与对于致力于可持续发展的社区而言是重要且必要的机制。正如阿瑟·梅尔霍夫所说：社区设计的关键不在于如何建造更多漂亮的建筑物、创造更吸引人的景点和更有趣的景象，其实质在于调动当地居民营造自己的理想未来。①

---

① ［美］阿瑟·梅尔霍夫：《社区设计》，谭新娇译，中国社会出版社2002年版。

第五章 基于社区的乡村旅游可持续发展

乡村和城市社区在旅游发展中面临的主要问题存在差异。相对而言，发展产业经济对于乡村社区的建设更为重要，因为乡村地区的经济振兴不仅关系到社区居民的生活水平，还关系到是否能留住年轻人，使乡村具有生生不息的力量。然而，乡村社区的优势往往在于没有卷入高速现代化的发展历程，避免了创造性破坏的后果，拥有不同于现代性和资本主义主导的生活经验，这也是乡村地区发展旅游业的最大吸引力所在。因此，在对乡村社区旅游发展路径进行规划时，应从其固有的生态及社会资源入手，兼顾旅游经济发展与当地生态、社会发展的需要，方能实现可持续的旅游发展。近年来，在我国新型城镇化和乡村振兴战略下，特色小镇、田园综合体等实践为没落的乡村发展注入了新的活力，也为以社区为基础的乡村旅游业发展创造了新的契机，本章对上述背景进行论述，继而通过典型案例分析就基于社区的乡村旅游发展要点进行总结。

第一节 中国的城镇化发展及特色小镇和田园综合体实践

一、新型城镇化发展与乡村振兴战略

城镇化发展，一般是指由以农业为主的传统乡村社会向以工业和服务业为主的现代城市社会转变的过程，其核心是产业结构以及就业结构

的变动，伴随着人口迁移（农村剩余劳动力在城乡空间上的迁移）、产业演进（非农产业尤其是第三产业向城镇集聚）、就业转型（农村中农业劳动力向非农业劳动力转移）和城乡一体化（城乡公共服务的均等化或均质化，形成城乡机会平等、城乡差距逐渐缩小的局面）为主要特点，其结果是通过城镇化实现产业、人口等的合理布局，最终消灭城乡差别。① 西方国家自 18 世纪中叶开始了工业城市化阶段，已走过了近三百年的演进历程。在两次工业革命的推动下，发达国家的城市化水平在 19 世纪 40 年代到 20 世纪 50 年代进入高速发展期，在带来经济发展的同时，衍生出如环境污染、人口拥挤、城市犯罪及众多社会问题的"城市病"，使这些国家随后出现"逆城市化"现象：人口迁移的方向发生逆转，郊区开始成为主要的人口聚居区。城市中心区的相对衰落，促使西方国家的城市重点开始由建设新城市转向中心城区的复兴。20 世纪 80 年代末，美日欧等发达国家和地区均达到成熟的城市化水平。随着城市规划的发展、服务业水平的提升、公共交通的完善、环境治理水平的提高，加之石油价格攀升导致的出行成本大幅增加，使得发达国家的城市居民从城市郊区重返中心城区逐渐成为一种趋势。20 世纪 90 年代初，大量人口重返较大城市及中心城区的现象推动城市规划的许多理念在西方国家被大量采用，霍华德等人田园城市理论得到了人们的广泛认同。② 美国城市地理学家诺瑟姆将西方的城市化率演进轨迹总结为"'S'型城市化过程曲线"，尽管学者们对该曲线过程的科学性有所质疑，③ 但随后的相关研究也表明西方国家由城市起源到工业城市化、从逆城市化到再城市化的城镇化进程具有一定规律性，这种演进规律对我国城镇化的发展具有指导意义。④

（一）新型城镇化战略

2012 年，李克强在省部级领导干部推进城镇化建设研讨班学员座

---

① 岳文海：《中国新型城镇化发展研究》，武汉大学博士学位论文，2013 年。
② ［英］埃比尼泽·霍华德：《明日的田园城市》，金经元译，商务印书馆 2010 年版。
③ 段辉：《对"S 型曲线"城市化理论的再讨论》，载《技术经济与管理研究》2015 年第 10 期，第 119~123 页。
④ 周跃辉：《西方城市化的三个阶段》，载《学习时报》2012 年 1 月 28 日。

谈会上的讲话中指出，城镇化是中国现代化进程中一个基本问题，是一个大战略、大问题。① 要认清我国城镇化进程的长期性、战略性、时代性，持续开拓经济社会发展的新空间。之所以从实现现代化的高度看待城镇化的发展，是因为尽管国际上对现代化的标准有不同的解读，城镇人口和非农就业比例都是区分发达国家与发展中国家一个"很重要、很清晰的界限"。② 城镇化的过程伴随着农民转为市民的过程，这意味着消费观念的更新和消费结构的升级，意味着巨大消费潜力的释放。2020年，我国城镇人均可支配收入是农村人均可支配收入的2.56倍左右，③城镇化有利于释放巨大的内需潜力，带动生产、大幅提高劳动生产率。相对于城市化率在75%～80%甚至更高的已经实现了现代化的发达国家，2021年5月我国第七次人口普查的结果显示，我国城镇人口率为63.89%。尽管与2010年相比，这一数据上升了14.21个百分点，但我国作为发展中国家与现代化发达国家仍有差距。④

中国城镇化的规模和潜力，在世界发展史上是空前的。新中国成立以来，国内城镇化发展大体经历了顺利与超速、倒退与停滞、快速与稳定等几个阶段。自20世纪年代中后期以来，我国城镇化进入高速发展时期。投资产业向城镇集中以及城镇基础设施的发展，极大地带动了中国经济的高速增长，也带动了大规模的人口由乡村向城镇的流动。经济学家斯蒂利茨预言，中国的城市化与美国的高科技发展将是深刻影响21世纪人类发展的两大课题。⑤

中国城镇化推进过程与欧美国家城市化发展道路表现出巨大差异，突出表现在政府主导、大范围规划及整体推动等几个方面。⑥ 这些特点

---

①② 李克强：《协调推进城镇化是实现现代化的重大战略选择》，载《行政管理改革》2012年11月。

③ 国家统计局：《2020年居民收入和消费支出情况》，国家统计局网站，2021年1月18日。

④ 国家统计局、国务院第七次全国人口普查领导小组办公室：《全国第七次人口普查公报（第一号）——第七次全国人口普查工作基本情况》，中华人民共和国中央人民政府网，2021年5月11日。

⑤ 吴良镛、吴唯佳、武廷海：《论世界与中国城市化的大趋势和江苏省城市化道路》，载《科技导报》2003（9）：3-6。

⑥ 李强、陈宇琳、刘精明：《中国城镇化"推进模式"研究》，载《中国社会科学》2012年第7期，第82~100页。

的形成，与中国城镇化的发展基础和条件有关。首先，自新中国成立以来，我国城镇化就表现出很强的政府主导特征，在国家将提高城镇化水平作为发展目标后，各地几乎都制定了加速城镇化的发展战略，由政府统一部署城镇发展方针。而农村地区的城镇化，也多由基层政府推进。由于我国的土地制度是国家和集体所有制，城市空间向外扩展、开发区建设以及新区新城建设，涉及的大规模征地、拆迁及大项目建设，都是由政府统一规划、国家投资，整体推进实现的。其次，欧美国家的城市化是在经济发展到一定水平条件下自发推进的，与之相比，我国社会力量发育不足，尚不具备自发推进城镇化的条件。以政府为主导的城镇化推进方式，能够集中大量的资本、人力和物力，调动多方面资源，在短时间内实现城镇化的发展目标。然而这种结构性框架虽然在发展初期有其相对优势，但随着城镇化的深入推进，城镇化持续发展的动力不足等问题也逐渐凸显。

近年来，我国城镇化已进入速度减慢、质量提升新的转型阶段。城镇化的重点，已经由原来的数量增长问题，变为如何不断提高城市基础设施及公共产品供给能力、满足人们日益增长的美好生活需要。张诚认为，在构建新型城乡关系、推进城乡融合发展中，我国的城镇化发展仍存在城乡互动不足、区域内及区域间发展不平衡、土地资源配置矛盾凸显、城乡生态问题严重、城乡间公共服务不均等、乡村组织化程度不足及优秀乡土文化凋敝等一些问题。具体表现在以下几个方面：

第一，城乡互动不足，农村要素单向流失严重。乡村不断向城市提供资源，导致自身经济发展缓慢、村庄空置、当地特色及文化消失，城乡差距越来越大。对比城市，城市在工资收入、就业机会、生活环境等诸多方面具有内在吸引力，这进一步造成了农村的瓦解。在政策、规划制定方面，城市在很大程度上处于垄断地位、具有垄断权力，这导致了乡村发展的"空心化"，出现乡村发展动力不足问题。另外，乡村对城市的辅助作用不明显。乡村单纯地为城市提供消费性产品和服务，甚至仅仅作为城市的后花园，而其自身文化、社会、生态、生活等功能有被弱化和削减的趋势。

第二，城乡污染一体化和农村生态问题日益凸显。生态文明建设，提高城乡生态质量，是促进城乡一体化的内在要求。但城乡一体化也在很大程度上导致了污染一体化和污染转移问题。部分城市工业在乡村立足,进而把城市中的污染问题带入乡村。一些发达地区和城市中落后的、被淘汰的工业借助城乡一体化逐步向乡村转移,造成了污染的跨区域流动,严重破坏了生态环境。

第三,城乡公共服务不均等。农村居民难以享受到跟城市一样的教育、交通、医疗、社保等公共资源。乡村基础设施和公共服务设施薄弱。

第四,优秀的乡土文化凋敝,传统的乡村精神亟待提振。随着乡村青壮年人口的外流,尤其传统生活方式的转变以及社会关系的变迁,乡村传统文化的凋敝越来越严重。一方面,传统的节庆、风俗、饮食、手艺等非物质文化遗产失去了传承的土壤。另一方面,在利益至上的原则支配下,很多乡村文化出现了异化,过去构建的熟人社会的亲切与温情瓦解了。在乡村发展中,亟待重新审视乡村的文化与历史,重塑乡村的价值,尤其树立乡村的文化自信。

在此背景下,从中国国情出发,在城镇化进程中贯彻可持续发展理念,解决上述问题和弊端就成为我国城镇化进一步发展的重要任务。

早在2002年党的十六大报告中就正式提出"走中国特色的城镇化道路"。[①] 党的十七大报告中提出"走中国特色城镇化道路,按照统筹城乡、布局合理、节约土地、功能完善、以大带小的原则,促进大中小城市和小城镇协调发展。"[②] 2007年习近平在《走高效生态的新型农业现代化道路》一文中指出,"发展高效生态农业,必须按照新型工业化、新型城镇化和新型农业现代化整体推进的思路"来谋划,从而最早提出了"新型城镇化"概念。[③] 2012年中央经济工作会议对新型城镇化的内涵进行了解读,并提出"城镇化是我国现代化建设的历史任务,也是扩大内需的最大潜力所在,要围绕提高城镇化质量,因势利导,趋利避害,积极引导城镇化健康发展。要构建科学合理的城市格局,大中小

[①] 江泽民:《全面建设小康社会,开创中国特色社会主义事业新局面——中国共产党第十六次全国代表大会大会》,人民出版社2002年版。

[②] 胡锦涛:《高举中国特色社会主义伟大旗帜为夺取全面建设小康社会新胜利而奋斗——在中国共产党第十七次全国代表大会上的报告》,人民出版社2007年版。

[③] 习近平:《走高效生态的新型农业现代化道路》,载《人民日报》2007年3月21日。

城市和小城镇、城市群要科学布局,与区域经济发展和产业布局紧密衔接,与资源环境承载能力相适应。要把有序推进农业转移人口市民化作为重要人文抓实抓好。把生态文明理念和原则全面融入城镇化全过程,走集约、智能、绿色、低碳的新型城镇化道路"。①

"新型城镇化"是在"城镇化"概念的基础上进一步展开的,在人口集聚、非农产业扩大、城镇空间扩张和城镇观念意识转化几个方面与"传统的"城镇化概念并无显著差异,但在实现这种过程的内涵、目标、内容与方式上有所区别。尽管由于各行业、领域的针对性和研究的侧重点不同,"新型城镇化"至今尚无统一和明确的定义。但可以认为,"新型城镇化"在本质上是以中国国情为基础,以积极应对国内外政治经济发展的新形势、弥补长期以来高速城镇化带来的弊端和损失、最大限度地将改革开放成果惠及广大人民并促进未来中国城乡建设的可持续发展为目的,以追求平等、幸福、转型、绿色、健康和集约为核心目标,在尊重城镇化一般规律和吸取国内外城镇化经验教训的前提下,以保障和改善民生、可持续发展和高质量发展为内涵,具有中国特色的创新性城镇发展历程。

(二)乡村振兴战略

着眼于解决新时期城乡发展不平衡和农村发展不充分问题,以及实现我国整体发展均衡、实现城乡统筹、农业一体的可持续发展问题,2017年10月党的十九大报告首次明确提出"实施乡村振兴战略"②,并在2017年中央经济工作会议和中央农村工作会议进一步明确了实施这一战略的总体思路和具体途径。乡村振兴战略作为未来促进我国农业农村现代化的总战略,也是未来我国"三农"工作的总抓手,是关系全局性、长远性、前瞻性的国家总布局,是国家发展的核心和关键问题。③

---

① 《2012年中央经济工作会议公报》,共产党员网,2012年12月17日。
② 习近平:《决胜全面建成小康社会,夺取新时代中国特色社会主义伟大胜利——在中国共产党第十九次全国代表大会上的报告》,人民出版社2018年版。
③ 中共中央、国务院:《乡村振兴战略(2018-2022)》,中华人民共和国中央人民政府网站,2018年9月26日。

实施乡村振兴战略的前提是充分认识这一战略的重大意义。黄祖辉提出还要从以下几个方面准确把握乡村振兴战略的科学内涵、目标任务及其实施路径：[1]

首先，乡村振兴战略与城市化战略并非互相矛盾，而是"你中有我，我中有你"的相互交融关系，具体而言，乡村的现代化和振兴要以城镇化的充分发展为前提。而城市对乡村的带动和城市人口对乡村的向往也将极大推动乡村振兴进程。因此，实施乡村振兴战略并非意味着中国城市化战略将放缓，更不是要用乡村振兴战略来替代城镇化战略。应以新型城镇化战略引领乡村振兴战略的实施，并将其置于城乡融合、城乡一体化的架构中，以建成"以城带乡""以城兴乡""以工哺农""以智助农""城乡互促共进"融合发展的美丽乡村和实现乡村振兴。

其次，准确把握中国乡村在城镇发展中的变化趋势。根据《全国农民工检测调查报告》的统计数据，2020 年中国农民工总量为 2.856 亿人，其中跨乡镇的外出农民工 1.696 亿人。[2] 农村人口的巨大流动重塑了村庄的肌理，使得村庄出现显著的差异性。2012 年我国村庄数量为 267 万个，到 2020 年已减少为 236.3 万个。[3] 在城镇化进程推动下，我国村庄不断划分为三大类型。一类是已被城镇化覆盖或即将被覆盖的村庄，其特点是人口集聚程度较高，村民生产和生活相分离，如城中村、镇中村等。另一类是新农村建设以来原有村庄"撤扩并"逐步形成的中心村，其人口相对集聚、村民生产与生活相分离、社区服务功能基本健全。第三类是人口集聚度不高、村民生产生活不分离的传统村庄。这三类村庄，在乡村振兴中的发展走向并不相同：基本融入城镇化的村庄将直接成为城市的组成部分；新农村推动下形成的中心村则成为乡村社区的服务中心或新型小城镇；传统村庄则有可能随着人口的迁移或村庄的撤并而逐渐消亡。可见，乡村人口的空间格局正伴随城镇化与工业化

---

[1] 黄祖辉：《准确把握中国乡村振兴战略》，载《中国农村经济》2018 年第 4 期，第 2～12 页。

[2] 国家统计局：《2018 年中国农民工监测调查报告》，国家统计局网站，2021 年 4 月 30 日。

[3] 中华人民共和国住房和城乡建设部：《2020 年城乡建设年鉴》，中华人民共和国住房和城乡建设部网站，2021 年 10 月 12 日。

发展而发生剧变,而人口空间格局的变化,为乡村振兴战略的实施提供了发展空间。

最后,乡村振兴战略以实现农业农村现代化为总目标,分解为三个发展阶段:到2020年,乡村振兴取得重要进展,制度框架和政策体系基本形成;到2035年,乡村振兴取得决定性进展,农业农村现代化基本实现;到2050年,乡村全面振兴,农业强、农村美、农民富的目标全面实现①。具体的建设目标和任务集中体现为党的十九大报告中关于实施乡村振兴战略的"二十字"方针,也就是要"按照产业兴旺、生态宜居、乡风文明、治理有效、生活富裕的总要求,建立健全城乡融合发展体制机制和政策体系,加快推进农业农村现代化"。②

黄祖辉认为,"产业兴旺、生态宜居、乡风文明、治理有效、生活富裕"这"二十字"方针无论在表述及其内涵方面,还是在目标要求等方面,都有了不少全新的意涵和指向。③ 其中,"产业兴旺"是乡村振兴的经济基础,着眼于建立现代农业的三大体系,即产业体系、生产体系、经营体系,注重现代农业产业链延长、价值链提升和利益链完善,形成一二三产融合且具备绿色化、优质化、特色化和品牌化特征的现代农业产业。"生态宜居"是乡村振兴的环境基础,要建设城乡互通的"生态宜居",实现乡村生态环境保护与开发利用的和谐统一,使乡村成为城乡居民对美好生活向往的所在地和富裕农民的重要源泉。"乡风文明"是乡村振兴的文化基础,要建设传统文明和现代文明有机融合与发展的具有中国特色的现代乡村文明体系。"治理有效"是乡村振兴的社会基础,要实现法治、德治、自治"三治合一",对乡村社区进行必要的赋权并充分发挥其自主性和能动性,实现刚柔相济、张弛有余的治理效果。"生活富裕"是乡村振兴的民生目标,也是终极目标,既要实现消除贫困、持续增加农民收入、缩小城乡差距的收入水平,又要实

---

① 《中共中央 国务院关于实施乡村振兴战略的意见》,中华人民共和国商务部网站,2018年1月2日。

② 习近平:《决胜全面建成小康社会夺取新时代中国特色社会主义伟大胜利——在中国共产党第十九次全国代表大会上的报告》,人民出版社2018年版。

③ 黄祖辉:《准确把握中国乡村振兴战略》,载《中国农村经济》2018年第4期,第2~12页。

现家庭和睦与社会和谐的生活质量提高。

（三）城镇化与乡村振兴战略中的社区参与

基于新型城镇化和乡村振兴战略的发展目标与实现路径，在城镇化发展与乡村建设中，应当充分利用乡村地域特色发展乡村产业经济，打造居民共同体意识、重塑农村社区生活并在更大程度上让多种社会力量参与，形成以农民为主体、社会广泛化参与的协同发展机制。

要实现农民在乡村振兴中的主体地位，就要通过完善乡村治理体系、强化村民的自主意识和自治功能赋予农民主体权力和主体责任；通过促进农民合作组织的健康发展、乡村社区集体组织的完善发展等提高农民的组织化程度；通过教育、社保、产权等体制的深化改革，提升乡村人力资源质量，优化农民主体结构。

要广泛吸纳社会力量参与，就要建立和完善社会参与乡村振兴战略的机制，广泛开辟包括企事业单位、社会团体、民间组织与志愿者；高校与科研机构等社会力量在内的以创业参与、服务参与、援助参与等为主要内容的社会参与形式。各地要建立和完善社会参与乡村振兴战略的体制机制。例如，出台鼓励高校和科研机构在乡村建立研发基地、科技平台的相关政策；充分利用互联网优势建立信息平台，实现信息共享与资源对接；建立社会力量参与乡村振兴的考核机制与激励措施。

二、特色小镇与田园综合体实践

（一）特色小镇的发展基础及内涵

在我国城镇化发展进程中，东中西部存在着区域不均衡现象，以浙江、江苏、上海、广东为代表的沿海地区小城镇相对发达，一些依托交通区位优势、地方专业化经济优势的小城镇迅速崛起，吸引了大量跨区域人口、劳动力及外来资本。[1] 为更好地发挥这些小城镇的经济功能，

---

[1] 武前波、徐伟：《新时期传统小城镇向特色小镇转型的理论逻辑》，载《经济地理》2018年第38卷第2期，第82~89页。

2010年以来浙江省相继提出"美丽乡村""特色小镇"相关发展战略，探索充分利用自身专业化优势或资源基础优势，对大都市外围乡镇地带的人居环境、产业经济、社会文化等方面进行重塑与提升。

在欧美等国，以独特产业及深厚历史人文底蕴闻名的特色小镇较为常见。这些具有强劲的持续发展能力而获得关注的特色小镇，均以产业为核心构建了良好的产业生态系统。嵌入特定区域及其历史人文背景下的"产业生态位"是这些特色小镇核心竞争力得以持续提升的关键。[①]从产业发展角度看，产业集群理论是特色小镇的理论基石，为特色小镇对区域经济的推动作用提供了规范的理论基础和科学的解释。从历史发展脉络来看，产业集群理论经历了一系列的变迁：从亚当·斯密《国富论》中提出的分工协作理论，到马歇尔提出的规模经济理论，再到后来的产业区位理论，增长极理论以及技术创新理论等。迈克尔·波特认为，产业集群是在某一特定领域（通常以一个主导产业为主）中，大量产业联系密切的企业以及相关支撑机构在空间上集聚，并形成强劲、持续竞争优势的现象。从欧美国家的发展经验看，引领城镇发展的特色产业分布也非常广泛，包括高新技术、金融业、农业、旅游业、工业等。在我国城镇发展中，也应充分利用各地的不同产业特色来发展特色小镇。

从发展背景来看，"特色小镇"的提出与贯彻"新型城镇化"的建设目标具有内在联系。在新型城镇化战略下，小城镇的发展尤其受到关注。我国现有的大多数小城镇是经过历史的沉淀自然形成的，虽具有一定的合理性，却在经济社会的发展进程中逐渐暴露出许多问题，其产业升级、科技发展、人才引入、生态环境等方面都面临挑战。[②]发展产业经济、深入贯彻"新型城镇化"建设目标的过程中，现代农业、农产品加工和旅游业取代乡镇工业和传统种植业成为新型选择。旅游业更是可以作为带动乡村社会经济发展的引擎产业，在解决城乡二元矛盾、引导新型城镇化和城乡一体化中发挥积极作用。

---

① 盛世豪、张伟明：《特色小镇，一种产业空间组织形式》，载《浙江社会科学》2016年第3期，第36~38页。

② 卫龙宝、史新杰：《浙江特色小镇建设的若干思考与建议》，载《浙江社会科学》2016年第3期，第28~32页。

相比较而言，特色小镇与传统意义上的"镇""区"概念有所不同，它既非行政区划单元也有别于工业园区、旅游园区等概念。特色小镇强调产业上的"特而强"、功能上的"有机合"、形态上的"小而美"、机制上的"新而活"，以信息经济、环保、健康、旅游、时尚、金融、高端装备制造等产业为基础，来打造具有特色的产业生态系统，以此带动当地的经济社会发展，并对周边地区产生一定的辐射作用，是区域经济发展的新动力和创新载体。特色小镇与新型城镇化战略所关注的实体"城镇"概念也具有紧密联系。特色小镇强调实体小镇在产业集聚、经济创新等方面的功能性拓展和完整产业生态圈的打造，与实体小镇通过新型城镇化战略破除发展过程中的制度性障碍、促进内需扩大及经济结构调整具有目标一致性和功能趋同性。

浙江省在特色小镇建设中已确定信息经济、环保、健康、旅游、时尚、金融、高端装备制造以及历史经典八大产业类型，[①] 按照区位特征、产业形态及影响因素，可划分为都市社区型（位于大都市区核心或边缘地带，以资本运营或控制为主导，金融、信息及创意文化产业为主要产业形态，如杭州玉皇山基金小镇、玉溪谷互联网金融小镇）、创新创业型（位于大都市区边缘或近郊地带，以人力资本为核心，高技术、知识型或信息型产业为主要产业形态，如余杭梦想小镇、杭州人工智能小镇、浙大众创小镇）、区域集聚型（非大都市核心地带，县市域中心或次中心，以工业制造或产品贸易为主，智能型集群经济、创新型产业集群为主要产业形态，如海宁皮革时尚小镇，宁海智能汽车小镇）、创业旅游型（大都市区边缘或边远地带，县市域次中心或一般中心，如德清莫干山小镇、桐庐健康小镇等）。中国东中西部虽然经济社会发展水平各有差异，但是各个地区地域特色鲜明，产业发展潜力巨大。东部地区经济发展水平较高，产业结构完整，同时具有非常显著的地理区位优势。中部地区生态林密布，空气纯净，旅游产业潜力巨大。西部地区虽然经济社会发展水平较低，但是具有独特的文化氛围和产业特色。虽然浙江的特色小镇模式并不一定适合在全国各地简单复制，但可以为其他

---

① 谢宏、李颖灏、韦有义：《浙江省特色小镇的空间结构特征及影响因素研究》，载《地理科学》2018年第38卷第8期，第1283~1291页。

地区特色小镇的建设提供思路和借鉴。

(二) 田园综合体及其建设要点

乡村振兴战略的提出为更好地解决"三农"问题提供了框架。一方面，党的十九大报告中对城乡关系的认识更加科学和完善：从城乡统筹变为城乡融合，表达了对当下中国城乡关系、城乡发展规律的认识升级。另一方面，对乡村发展的定位和目标越来越清晰。此前对社会主义新农村的建设要求是"生产发展、生活富裕、乡风文明、村容整洁、管理民主"。与之相比，农业农村现代化的总要求升华为"产业兴旺、生态宜居、乡风文明、治理有效、生活富裕"，是一种更高层级的发展目标和要求。

在城镇化发展中，人们逐渐达成共识：单纯依靠城镇化的有序推进并不能解决农村问题。农村的发展离不开城市，但更要立足农村。近年来，随着社会资本、工商资本的乡村投资热不断升温，借助休闲农业、乡村旅游、特色小镇等契机以及农村建设用地入市试点和农村集体产权制度改革，我国乡村发展状况取得巨大进步。农村的基础设施等硬件环境有了巨大改观。"村村通"工程解决了公路交通问题，村容治理，用水、供电、燃气和住房设施配套改善了生活条件。高铁、动车网络向中西部地区的延伸，缩短了偏远地区和东部沿海地区的时空距离。移动通信、互联网、快递进入农村，极大改变了农村信息闭塞的处境。很多乡村特色资源通过互联网和电商平台与市场直接对接，成为"淘宝村""电商村"。党的十九大报告指出，中国特色社会主义进入新时代，我国社会主要矛盾已经转化为人民日益增长的美好生活需要和不平衡不充分的发展之间的矛盾。[1]

在此背景下，2017年2月，田园综合体概念被写入中央一号文件，即《中共中央、国务院关于深入推进农业供给侧结构性改革　加快培育农业农村发展新功能的若干意见》。在"培育宜居宜业特色村镇"一节中，文件提出"支持有条件的乡村建设以农民合作社为主要载体、让农

---

[1] 周文彰、蒋元清：《十九大关于我国社会主要矛盾新论断的依据和意义》，中国共产党新闻网，2017年12月20日。

民充分参与和受益、集循环农业、创意农业、农事体验于一体的田园综合体,通过农业综合开发、农村综合改革转移支付等渠道开展试点示范。"文件还提出,围绕有基础、有特色、有潜力的产业,建设一批农业文化旅游"三位一体"、生产生活生态同步改善,一产二产三产深度融合的特色村镇。支持各地加强特色村镇产业支撑、基础设施、公共服务、环境风貌等建设。打造"一村一品"升级版,发展各具特色的专业村。[①] 2017年6月5日,财政部印发《开展农村综合性改革试点试验实施方案》,[②]结合此前发布的《关于开展田园综合体建设试点工作的通知》,提速田园综合体的建设。根据通知精神,田园综合体国家级试点的规划周期为3年,确定试点省份18个,每个省份确定试点项目1至2个,其基本目标是村庄美、产业兴、农民富、环境优。2017年10月,河南、四川、河北、山东等省份陆续公布了国家级田园综合体试点项目,并安排省级财政资金予以支持。至此,田园综合体这一概念在现实中落地。

田园综合体建设的目的是让城市与田园相互滋养,文化与田园融合发展,田园与产业交相辉映,农村与城镇良性互动,既能让市民感受到农村的田园气息,又能让农民享受到城市的生活品质。对城镇化进程中的乡村来说,田园综合体的意义更为重要:不仅给村民带来资金、技术、信息和先进的管理经营理念,以及生产能力和生活消费水平的提升,更重要的是对乡村文化的自信及农民精神面貌的改变以及城市居民更高需求的满足。农业不再是简单的种植和养殖,而是被赋予了生态、休闲、文化传承等众多功能。开展播种收割、拓展训练、稻田酒店、主题民俗、乡间民谣、乡俗传承等活动,可以为乡村复兴提供广阔的创新空间,形成以地域文化与特色产业为支撑的文化呈现形式与文化业态。

相对于其他乡村建设项目,田园综合体建设在实践中特别强调以下要点:

第一,主张遵循生产、生活、生态相统一的原则,即生态环境保持

[①] 《中共中央、国务院关于深入推进农业供给侧结构性改革 加快培育农业农村发展新动能的若干意见》,中华人民共和国农业农村部网站,2017年2月6日。
[②] 《财政部印发开展农村综合性改革试点试验实施方案》,中华人民共和国中央人民政府网站,2017年6月12日。

良好、经济上持续可盈利、当地人的生活可持续发展,强调可持续的产业培育和自然生态理念。

为实现上述主张,在田园综合体建设中,首先要处理好经济发展与生态文明的关系。通过政策倡导、资本介入、创意实践等多种方式,引入现代农业、休闲观光、度假经济、文化创意等不同业态,把传统村落、自然风貌、文化保护和生态宜居诸多因素有机结合在一起,凸显记得住乡愁的乡村文化符号、乡村建设符号、乡村景观符号等,逐渐唤醒沉寂的乡村。其次,在生态方面,促进传统村落文化保护与乡村文化复兴。对原有乡村建筑和生态环境进行保护和治理,并通过不断提高农民的文化自觉意识,最大限度地保持村庄的自然形态,发展乡村特色文化。再次,在生活方面,要在优化乡村生活环境、丰富乡村生活产品、拓展乡村生活空间、提升乡村生活品质上更有作为。要建设新型的乡村社会,让乡村成为现代技术与传统技艺的联结点,让乡村拥有让城市人向往的生活品质与社交环境。最后,在产业发展方面,注重三产融合,推进乡村可持续发展。通过因地制宜地发展农村特色产业,加强农业与旅游、文化、健康养老产业的深度融合。

第二,主张营造以人为本、追求自然和人文主义生活方式的新型社区。田园综合体致力于创造田园式的社区生活,其建设的核心是社区而不是景区。在城乡互动融合中,除了留住原住民,还会带来创业、就业、生活、养老的新住民,吸引观光、体验、休闲、度假的游客群体。这三种人群的混合居住将是农村地区向新型城镇化迈进的重要支撑。要正确处理三者之间的矛盾,使其能够和谐共处,就需要加快完善配套服务设施。对当地居民来说,需要一整套完善的工作、生活服务设施,来满足定居者的物质文化需求。对新住民而言,要留住人才,开展人居环境建设。通过产业融合与产业化聚集,形成人口相对集中居住的社区。对于旅游者而言,要依托公共集聚空间引导资源融合和人群交流,创建田园生活吸引核。例如,建设兼具有景区广场和社区广场的双重功能的公共广场以承载各种传统表演及民俗活动;利用传统街巷空间与建筑围合形成公共街区空间,植入休闲业态或展示功能,实现对人流的引导。

第三,主张以企业与地方合作的方式,在乡村社会进行整体综合的规划、开发及运营,形成"现代农业 + 文化旅游 + 田园社区"三位一体的综合发展模式。首先，制定长期规划，以发展农业产业园区的方式提升农业产业，尤其是发展现代农业，从而形成当地社会的基础性产业。如打造"农业产业园"+"休闲农业"+"CSA农业"，引进现代技术，管理专业农户，制定品控标准，对接市场渠道，打造农业品牌，从而带动周边农业经济。其次，规划打造文旅产业作为新兴驱动型产业，促进社区经济较快发展。文旅产业应考虑功能、规模及空间的配搭，打造符合自然生态型的"配套服务+旅游产品+度假产品"组合，搭配独特的文化生活内容，以丰富的业态规划形成旅游目的地。最后，开展田园社区建设，营造新型人居环境，最终形成新型社区。在田园综合体中，农业生产是发展的基础，通过现代高科技种植技术的引入提升农业的附加值；文化产业依附于农业，需要与农业结合才能呈现出具有田园特色的文旅项目；社区及相关产业的发展依赖于农业和文化旅游产业，从而形成以田园风貌为基底并融合现代都市时尚元素的田园社区。

第四，通过自营、联营及销售业态，短中长期结合，实现规划项目现金流和整体盈利。田园综合体的自营业态包括田园度假、田园游乐、田园商业、田园活动等；联营业态包括民俗、文创、教育、演艺等；销售业态包括农产品、文创产品、分时分权度假产品、物业租售等。不同区域有不同的盈利方式，田园风光区、体验产品二次消费区主要依托文旅供应链盈利，农事活动体验区主要依托农业供应链盈利，田园社区增值区主要依托物业经营供应链盈利，社区配套商业区主要依托配套金融、医疗、教育、健康、商业供应链盈利。

（三）特色小镇与田园综合体建设的战略结合及面临的挑战

总体来看，随着政府一系列政策的出台，"特色小镇"和"田园综合体"作为我国城镇化与乡村振兴战略推进进程中的重要举措，对发展有中国特色的城乡经济具有重要意义。培育特色小镇，主要是打造特色鲜明的产业形态、和谐宜居的美丽环境，彰显特色的传统文化，提供便捷完善的设施服务，建设充满活力的体制机制。而田园综合体是集现代农业、休闲旅游、田园社区为一体的特色小镇和乡村综合发展模式。在实践中，二者也具有众多共性，以田园综合体为方向的农业特色小镇，可成为二者的战略结合点。具体来说，在农业特色小镇建设中注重保护、开发田园风光以及基于特定地域风俗文化的建筑风格和风貌,在发展生产、壮大产业的同时,注重农业与文旅、康养等产业的深层融合,探索既保持田园特色又具有现代居住功能的多元化生产聚居模式,更好地迎合和满足城市居民对生态旅游和乡村体验的消费需求,使得城与乡、生产生活与生态、传统与现代在田园小镇相得益彰。

当然,目前特色小镇与田园综合体融合发展中还面临诸多挑战。例如,以复杂的土地产权关系和严格的建设用地审批为焦点的土地问题。由于田园综合体涉及的土地利用性质和产权关系非常复杂,除了纳入城乡规划的国有建设用地,还包括农地、宅基地、集体建设用地,而这三块地在各地的情况又存在差异。近几年,围绕这三块地国家出台了很多指导文件,并在各地开展改革试点,酝酿出台土地管理法,然而土地作为待开发资源以及国家的政策和制度变化显然给企业投资带来风险。此外,田园综合体建设中可能面临的利益冲突或风险较多。企业、农户、政府之间可能在农地或集体用地租赁合同执行过程中产生纠纷,或者农户对划入规划范围待拆迁土地的利用性质、补偿标准等向政府、企业提出异议,阻碍田园综合体的持续实施运营。显然,地方政府的积极支持是解决上述问题的关键所在。[①]

第二节　乡村社区旅游发展的案例分析[②]

"无锡阳山田园东方"项目是由田园东方集团组织实施的我国首个大型田园综合体项目。该项目以现代农业、文化旅游、田园社区为一体,强调新型产业的综合价值,包括农业生产交易、乡村旅游休闲度假、田园娱乐体验、田园生态享乐居住等复合功能,实现"三生"(生产、生活、生态)、"三产"(农业、加工业、服务业)的有机结合与关联共生。[③]

[①③] 张诚:《新田园主义概论与田园综合体实践》,北京大学出版社2018年版。

[②] 注:此部分案例编写素材无特殊说明均取自田园东方投资集团创始人兼CEO张诚所著《新田园主义概论与田园综合体实践》,北京:北京大学出版社2018年版。

一、无锡阳山田园东方项目概况

项目所在地江苏省无锡市惠山区阳山镇位于长江三角洲地区，东邻上海、苏州，西接南京，南邻太湖，北靠长江。交通区位便利，乘高铁15分钟左右可到达苏州、常州，45分钟可到上海，距上海虹桥机场及南京禄口机场约1小时30分钟车程；多条高速、省道穿境而过，西环线对接市区高架，靠近京沪、沪宁高速。全镇区域面积44平方公里，下辖11个行政村、3个社区居委会，总人口57190人（2017年）。阳山镇具有较好的农业基础，其中水蜜桃种植是阳山镇主导农业产业，拥有桃林2万亩，素有"水蜜桃之乡"之称。同时，该地拥有优美的自然生态景观，境内水网农田交织，有生态林7000多亩，山地约10平方公里，且原有村落格局保留较好，有亿年火山、万亩桃园、千年古刹、百年书院等特色资源。

20世纪90年代以来，阳山镇在乡镇工业化、城镇化发展的同时，经历了规划布局乱、环境污染重、产业提升慢等问题，使丰富的生态资源一直被闲置，没有得到充分发掘。2012年项目筹建之前，镇党委书记吴立刚将生态作为优先考量的发展资源。为保护生态环境，前后清退了138家低产能高污染企业，如味精、陶瓷、化工、水泥等污染企业。

无锡阳山田园东方项目面积约6000亩，以现代农业和文化旅游为核心。一期项目"无锡田园东方蜜桃村（东区）"是全国首个田园综合体项目，于2012年开始筹备、规划，2014年3月建成开园，包括田园生活馆、主题民宿、拾房书院、有机餐厅、生态农夫市集、牧场区、田野乐园户外活动区等多个业态。二期项目"无锡田园东方蜜桃村北区"与一期项目相隔约两公里，水系相连，于2017年8月启动，2018年1月开园，是产城乡融合发展新形态的实践基地。相对一期作为完整的乡村发展模型示范，二期打造为以田园亲子度假为核心，融餐饮、住宿、乐园、市集、工坊、田野教育、温泉体验等于一体的度假村。

无锡阳山田园东方项目将桃文化及农耕文化孕育于场地之中，强化社区参与性及环境互融性，为社区居民及游客提供世外桃源般的生活方式。多年来，该示范区向当地原住民提供了两百余个田园文旅相关就业岗位，带来了一批返乡创业"新农人"，带动了当地的基础设施建设投资和乡村旅游业，同时吸引了众多市民前来休闲度假。2015年无锡田园东方蜜桃村荣获"江苏省乡村旅游创新项目"，2016年获颁"江苏省五星级乡村旅游度假区"，中央农村工作小组对该项目开展调研后，2017年"田园综合体"写入中央一号文件。

二、无锡阳山田园东方项目的社区文旅开发

（一）项目规划

无锡田园东方项目包含现代农业、文化旅游、田园社区三大板块。其中，现代农业板块规划有机农场示范园、水蜜桃生产示范园、果品设施栽培示范园及蔬果水产种养示范园四个农业产业园及休闲农业观光示范区，田园社区板块规划在原住民通过双置换后生活的新建社区边上打造名为"拾房桃溪"的田园度假区和亲子度假酒店区。文化旅游板块作为田园东方项目最核心的部分则选址于曾经的拾房村旧址。设计者先期对村落肌理及历史文化做了深入调研，选取十栋老房子给予修缮和保护，并对村庄内的池塘、原生树木也做了必要的保留，在尊重场地基底条件的基础上，最大程度上保持村庄的自然形态，延续基地水陆交错、临河而居、田地包绕的田园特征。建成项目将农田及种植、水域及灌溉、池塘及养殖、村庄及居住、道路及交通五大部分田园基底要素，和有机蔬菜餐厅、学校、咖啡厅、市集、书院、民宿度假区及田野乐园八大业态充分融合，探索城市的经济要素、文化要素向"乡村"空间渗透的田园空间发展方案。

（二）保护式开发

基于"以人为本""尊重自然"原则，项目设计将生态设计理念融入"田园综合体"项目中，充分研究了绿化植被的空间分布，对农田种植、水域灌溉、池塘养殖、村庄居住及道路交通进行系统梳理，治理和重塑田园生态。利用食物链、生态循环、垃圾回收利用、沼气等，实现农业的生态化可持续发展，在雨水收集系统、水体净化系统、河塘系

统和生态循环系统中进行了创新和尝试。

项目设计选择性地保留了原有的部分街巷空间和传统院落空间，通过对材料的换用或结构延展，对部分原有建筑在保留的基础上进行再创造。开发中充分考虑了材料的再利用，例如，被砍下的桃树枝干收集堆放，拆迁的大量青砖、老瓦、石块等建筑材料分区保护、编号回收，在后期设计中作为设计元素融入景观中。

（三）社区参与及利益相关者合作创新

1. 在政府支持下升级农业生产，帮助村民向职业农民转型，吸引其积极投身项目建设

自 2013 年开始，田园东方集团与镇政府和桃农合作打造面积 3000 余亩的水蜜桃生产基地，协力打造阳山水蜜桃品牌。2017 年"田园东方阳山水蜜桃白凤品种"获得全国赛桃会金奖，市场知名度大大提升，当地桃农收益也获得提高。惠山区和阳山镇政府授予田园东方农业公司"现代水蜜桃技术创新奖"。

2017 年 5 月，在政府的帮助下，东方园林与当地果农合作，建设统一管理的农场代替原有的散户种植方式。在有机农场示范园、水蜜桃生产示范园、果品设施栽培示范园及蔬菜水产种养示范园聘请村民从事农作产业，邀请当地的种桃能手和技术专家为其提供最先进的技术指导。

2. 与设计单位和科研机构合作，打造原住民、新住民和游客共融的社区空间

在前期创意设计规划阶段，田园东方集团邀请多家设计单位参与头脑风暴。最大限度地尊重原有的自然生态和村落的历史记忆，最大限度保持原有的村落尺度及空间形态，最大限度利用原有道路及场地系统，保留村内原生树木、桃树、池塘、古井、桃花。项目建设中，田园东方集团与众多科研院所合作进行农产品和文创产品的研发，并为科研院校提供田园研发基地和高校实践基地。

3. 与外部企业合作开展多文旅业态经营

项目引进台湾地区知名的有机品牌薯薯藤，与之合资打造田园番薯藤 TINA 厨房、田园番薯藤 TINA 咖啡等田园有机品牌；与花间堂合作

经营由民国时期的古宅改建的田园风情度假村——嫁圃集民宿；与内蒙古农业品牌蒙清农业合作研发杂粮产品，丰富了项目的经营业态，增添了项目吸引力。

（四）运用社区营造方法，建设原住民、新住民、游客共同交融的旅游社区

社区营造思想在项目规划建设中得到了充分体现。首先，对原有村落的部分老房子加以保护、修缮或改造，其他住宅则根据项目建设需要加以拆迁，原住民则通过置换入住新建社区，呈现新旧建筑融合的村落场景。

其次，打造原住民与新住民、游客的交流空间。例如，研究拾房村村落肌理及历史文化，打造"拾房文化市集"，植入田园生活馆、有机蔬菜餐厅、学校、咖啡厅、市集、书院、民宿度假村及田野乐园八大文旅业态强化田园主题，将居住、工作、田园空间有机结合，实现功能最大化。其中，改造后的老屋打造成"原乡"风格的乡村咖啡厅，紧扣原有的、古朴自然的文化风情，为客人提供当地时令美食、简餐及茶饮，并在周五餐厅狂欢日带来乐队表演和自助烧烤；市集中文创用品、小吃、蔬果、村头艺人表演及民间手艺展示应有尽有，为村民与游客交流及邻里关系展示提供场所。建设田园大讲堂，用于举办活动、开办课程、承接会议，邀请专家学者讲座交流。开放桃园的一部分开放给游客做休闲采摘，实现农耕、生态、健康、阳光与居住的融合。二期项目打造的CSA社区支持型农业项目——CSA农场，则面向周边倡导"生活新体验"的人群，提供有机、健康、可追溯的农产品。

再次，打造"拾房桃溪"田园度假居住区等物业类型，吸引城市居民入住，作为这些新住民远离城市的"第二居所"，满足其回归田园生活的愿望及精神追求。采用受托运营和尝试分时度假的运营模式解决非节假日空住率较高的问题。

最后，为游客提供原汁原味的乡村生态旅游体验。项目开发的田园东方亲子度假村利用华东唯一的火山温泉为游客提供民俗及度假配套；蜜桃猪DE田野乐园用泥土、木头、树状、树枝等原生材制和循环材料，纯手工打造，设计多种亲子主题活动；田园生活馆作为乡村文创基

地和生活展示馆，向游客出售水蜜桃、桃胶等当地农产品和传统小食；拾房手作教室向游客提供植物草木绕、皮具制作、瓷刻、木艺等各类体验课程；花泥里陶瓷手工体验坊方便游客体验陶艺制作过程；利用原村私塾改建的拾房书院，则向游客传递着古朴的乡村情怀。

第六章 基于社区的城市旅游休闲产业创新经营

随着我国城镇化进程的推进及大众旅游的深入发展，新建城市不断涌现、现有城市功能全面提升，促使我国城市旅游休闲业成为最具发展潜力的增长点。通过强化城市规划引导、突出城市个性特色，旅游休闲产业可以在城镇化进程中发挥积极作用。本章就城市旅游休闲产业面临的机遇与挑战进行论述，然后以城市旅游目的地的特点及旅游规划的一般原理为基础，提出城市社区旅游的发展机制，主要包括引导机制、决策机制、战略实施机制、评估监控机制、实施保障机制等内容。最后选取典型案例考察了城市社区居民参与旅游开发的程度以及对旅游业影响的感知与态度，以此为基础构建了具有可操作性的城市社区旅游发展模式。

第一节 休闲、旅游及其与城市发展的关系

从现象发生的角度看，休闲与旅游这两种现象存在着部分重叠。通常认为，休闲活动是指"一个人在工作时间之外所安排的一切放松身心的活动"。[1] 在满足共同的前提条件——闲暇时间发生且以放松身心为原初推动力的基础上，旅游活动可以看作是一种发生于居住地之外的休闲活动形式。[2] 这种通过异地行为与休闲相连接的旅游活动即所谓的休

---

[1] 杨振之、周坤：《也谈休闲城市与城市休闲》，载《旅游学刊》2008年第23卷第12期，第51~57页。

[2] ［澳］维尔：《休闲和旅游供给：政策与规划》，李天元、徐虹译，中国旅游出版社2010年版。

闲旅游，它与商务、会议等工作性质的商务旅游活动共同组成了现代旅游活动的范畴。（见图6-1）本章涉及的"旅游休闲"活动主要是指异地休闲旅游活动以及那些以放松、愉悦、健身等恢复身心健康为本质特征和目的的本地休闲活动。

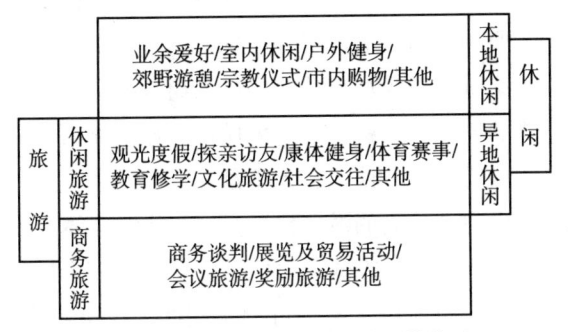

旅游	休闲旅游	业余爱好/室内休闲/户外健身/郊野游憩/宗教仪式/市内购物/其他	本地休闲	休闲
		观光度假/探亲访友/康体健身/体育赛事/教育修学/文化旅游/社会交往/其他	异地休闲	
	商务旅游	商务谈判/展览及贸易活动/会议旅游/奖励旅游/其他		

图6-1 休闲与旅游活动的重叠关系

资料来源：许峰：《休闲产业发展初步探析》，载《中国软科学》2001年第6期，第112~115页。

一、休闲是现代城市的重要功能，也是衡量城市发展水平的重要标志

伴随社会物质财富的增长和科学技术的发展，休闲与旅游已经成为人类生活的重要组成部分，并与城市这种人类群居生活的高级形式日益密切相关。城市的进步伴随着休闲的发展，休闲成为衡量城市社会文明和居民生活质量的标志。最初，随着城市居民休闲需求的产生和演化，休闲活动开始从个体家庭空间转移到社区空间，休闲成为城市功能在原始的三大功能——居住、生产和商业基础上的重要延伸。继而，随着城市功能从以生产为主演变为以服务消费为主，以生产为主导的城市空间布局逐渐不能适应现代城市发展的需要。城市中的生产空间和制造产业逐渐边缘化、郊区化，而公共休闲空间及与之相关的信息空间、服务空间、消费空间则趋向城市的社区和中心，由此，休闲产业逐步占据了城市的中心位置。[①]

---

① 杨振之、周坤：《也谈休闲城市与城市休闲》，载《旅游学刊》2008年第23卷第12期，第51~57页。

与此同时，伴随休闲消费支出的增长和出游经验的丰富，人们对休闲的内涵有了更深刻的理解。对自身精神、心理和健康的关注，使人们对闲暇时间的利用更加倾向于宽松、自由、多样性的休闲旅游方式，而逐渐摒弃那些走马观花式的浅层次的单一性旅游产品。社会生活休闲化在很大程度上决定着城市的发展特色与未来前景，[1] 建设旅游城市、休闲城市也成为重要的城市发展趋势和目标。

尽管休闲和旅游已成为城市功能的必需组成部分，却并非所有具备休闲和旅游功能的城市都可称之为休闲城市或旅游城市。一些举世闻名的旅游城市之所以得到一致认可，无不是因其特殊的自然与人文环境而创造出极强的吸引力和极高的游客满意度，[2] 其游客体验价值更是来自城市的历史文化传统、生活方式、自然社会条件等多个层面，而这些层面在很大程度上都与当地居民密不可分。例如，在历史文化传统层面，优秀旅游城市的居民普遍具有喜好游乐的传统、其节庆活动和游乐活动丰富多彩；在生活方式层面，城市居民的生活态度（如对现有生活状态的满意程度、对城市居住环境的满意程度、对周围居民生活方式的认同感、长久定居的意愿等）以及特有的生活习惯（如城市居民的消费习惯、娱乐消遣活动、节庆参与热情、城市特色餐饮等）都对外来游客的旅游体验产生着重要影响；而城市包容性、幸福指数、宜居指数等与城市居民相关的社会环境因素均可直接影响城市的旅游休闲氛围。从旅游休闲城市建设的角度来看，城市空间优化首先应考虑到便利城市居民的休闲旅游消费、提升居民生活质量，才能对外充分展现城市魅力继而提升外来游客的旅游体验价值。

二、旅游与休闲业发展进入城市主导阶段

据联合国《2018年版世界城镇化展望》报告显示，目前世界上55%的人口生活在城市之中，预计到2050年将会有68%的人口居住在

---

[1] 楼嘉军、李丽梅、杨勇：《我国城市休闲化质量测度的实证研究》，载《旅游科学》2012年第26卷第5期，第45~53页。

[2] 中国国家旅游局：《中国最佳旅游城市创建指南及实施细则》，2003年。

城市，人类社会全面进入以城市为主导的发展阶段。① 同样，随着世界范围内的旅游城市功能不断的完善，世界旅游也进入城市主导阶段。根据欧睿国际数据公司对全球600个旅游城市的统计发现，2018年全球600个旅游城市的国际游客总人数达到9.52亿人次，占2018年世界国际游客总人数的68%。其中，全球范围内年入境国际游客超过10万人次的旅游城市达到511个，入境国际游客总人数超过9.48亿人次，占2018年全球国际游客总人数的67.7%；年入境国际游客超过500万人次以上的城市为55个，入境国际旅游总人数为4.82亿人次，占2018年国际游客总人数的36.5%。②

同时，旅游城市也是全球旅游投入的主要来源和重点区域。据高纬环球发布的2016~2017年全球城市投资报告显示，在分析的50个城市中，美国城市的吸引力表现更加突出，除纽约外，费城、丹佛、圣地亚哥等表现都特别好。此外，欧洲的阿姆斯特丹、哥本哈根，中国的重庆、深圳、上海以及北京表现也都不错。

从以上数据可以看出，在世界旅游发展中，旅游城市对世界旅游的影响持续放大。旅游城市作为人类文明的产物，不仅是重要的旅游目的地，也是重要的客源地和集散地。

第二节 城市旅游休闲产业发展面临的机遇与挑战

一、休闲时代来临，城市旅游休闲产业发展备受关注

自工业革命以来，西方发达国家在追求"普遍有闲"时代的道路上经历了从较低阶段向较高阶段演进和跨越的发展轨迹。③ 自20世纪

---

① 联合国经济和社会事务部人口司：《〈2018年版世界城镇化展望〉报告发布》，载《上海城市规划》2018年第3期，第129页。
② 《李宝春：休闲旅游时代已正式到来》，新京报网站，2019年10月25日。
③ 楼嘉军、李丽梅、杨勇：《我国城市休闲化质量测度的实证研究》，载《旅游科学》2012年第26卷第5期，第45~53页。

90 年代以来，发达国家呈现出引人注目的休闲时代发展态势：社会生活中有 1/3 的时间、2/3 的收入、1/3 的土地面积用于休闲娱乐，① 休闲和旅游活动引起生活方式和价值观念的变化日趋明显。21 世纪 60 年代至今，休闲和旅游活动对社会经济的影响更是与日俱增，不但居民相关消费持续增长，休闲服务也逐渐主导世界劳务市场，休闲产业已经创造了世界国民生产总值的一半以上份额。② 据此，有学者认为，休闲将成为 21 世纪全球经济增长的第一推动力，人们的休闲观念"将发生本质变化"。③

根据世界旅游城市联合会发布的报告，休闲度假占世界旅游的比重已超过 60%，休闲旅游的时代已经正式到来。与一般的观光旅游不同，休闲旅游更加强调舒适性和体验度。作为一种新型业态，休闲旅游已成为第三产业的核心载体和世界旅游价值链的高端形态。休闲娱乐旅游将成为下一个经济浪潮，并席卷全球各地。2015 年左右，发达国家已经率先进入了休闲时代，休闲旅游已经成为人们生活的一部分。近年来，随着我国居民生活水平的提高，高品质的休闲度假已经成为我国大众旅游的普遍追求。据社科院近年来对中国国内旅游调查的分析，2018 年城镇居民以休闲为目的地的活动占比超过 90%，农村居民以休闲为目的的过夜旅游占 80%。在休闲趋势的引导下，近年来邮轮度假旅游、海岛度假旅游、山地探险旅游等新兴旅游业态的引入，为中国旅游快速发展注入了新的活力。④

促使休闲时代来临的因素可归结为社会经济的发展、城市化水平的提高、闲暇时间的增多以及人们追求生活质量意识的增强等多个方面，而这些因素在城市中的体现尤为明显。同时，随着互联网技术的广泛应用，自由出行、定制旅游和家庭旅游等新兴的旅游模式层出不穷，对传统旅游服务管理营销模式提出了新的挑战。通过互联网、大数据、智能

---

① 徐海春：《数字娱乐：各国竞折腰》，载《国际金融报》2001 年 10 月 9 日。
② Molitor G T, The Next 1000 Year: the "Big Five" Engines of Economic Growth. *The Futurist*, 1999, 33 (10): 13–18.
③ ［美］托马斯·古德尔、杰弗瑞·戈比：《人类思想史中的休闲》，成素梅等译，云南人民出版社 2000 年版。
④ 李宝春：《休闲旅游时代已正式到来》，新京报网站，2019 年 10 月 25 日。

化等信息技术在旅游方面的应用不断提升，旅游体验服务管理和营销水平对于促进全球旅游业从观光旅游向休闲旅游转变具有重大的意义。在其影响下，城市将表现出休闲生活常态化、休闲消费脱物化、城市功能休闲化、生活泛娱乐化以及电脑网络带来休闲方式虚拟化等变化。不但居民的休闲观念得以普遍建立和深入发展，人们对以精神产品为主导的消费需求也迅速攀升，休闲经济还将成为促进城市经济发展的重要动力，而城市的公共服务功能、生态环境建设也将凸显休闲内涵。

面对休闲时代背景带来的机遇与挑战，越来越多的中外城市加入"打造休闲城市"的行列中来。西方国家在以高度发达的物质文明为基础上，通过对城市休闲功能的不断完善，在城市休闲空间建设和休闲城市实现方面一直走在前列。这些休闲城市的实现形式大致有以下几种：(1) 通过优化城市人居环境获取知名度，如日内瓦、巴塞罗那、温哥华等。这些城市并不追求建设的规模化和现代化，而是凭借优秀的人居环境获得极高的国际知名度，聚集有利于城市发展的各种文明要素得以快速发展。(2) 通过特色休闲资源或休闲活动构建核心竞争力，如水城威尼斯、时尚之都米兰、艺术之都佛罗伦萨、赌城拉斯维加斯、黄金海岸夏威夷等。这些城市均以极富特色的自然或人文休闲资源打造个性突出的城市形象，进而形成核心竞争力。(3) 通过较大的城市规模、较强的休闲功能、丰富的休闲资源、齐备的休闲产品种类、多元化的休闲产业形成超强综合实力，满足多样化的休闲需要，如纽约、伦敦、巴黎、香港等。[①]

二、我国城市化进程加快，推动国家视域下城市休闲产业政策出台

美国城市地理学家诺瑟姆（Northam，1975）曾将世界各国城市发展的轨迹描述为一条被拉长的"S"型曲线，并将城市化进程分为3个阶段。其中，当城市化率在30%～70%之间时，城市化进入加速成长

---

① 楼嘉军、徐爱萍：《试论休闲时代发展阶段及特点》，载《旅游科学》2009年第23卷第1期，第61～66页。

的中期阶段。① 根据全国第七次人口普查数据，2020 年我国常住人口城镇化率达到 63.89%，而 2000 年这一数字仅为 36.09%，在 20 年间我国城镇化率保持了高速增长。② 城市化进程的加剧显然推动了休闲在我国国民经济发展中的地位。早在 2006 年"休闲"在国务院政府工作报告中得以提及而跨入国家视域，此后，从明确发展导向到确定工作机构、从部署规划发展到确定建设国际一流的休闲度假旅游岛，我国初步形成了一套比较体系化的国民休闲发展战略。③ 2013 年《国民旅游休闲计划纲要》出台，明确提出到 2020 年的国民旅游休闲发展目标，即"职工带薪休假制度基本得到落实，城乡居民旅游休闲消费水平大幅增长，健康、文明、环保的旅游休闲理念成为全社会的共识，国民旅游休闲质量显著提高，与小康社会相适应的现代国民旅游休闲体系基本建成"。④ 至此，休闲和旅游作为我国城市发展中重要的产业形态和生活方式迎来了前所未有的发展良机。2021 年 3 月 11 日，十三届全国人大四次会议表决通过的《关于 2020 年国民经济和社会发展计划执行情况与 2021 年国民经济和社会发展计划草案的报告》提出，正出台实施国民休闲纲要（2021～2035 年），激发国内消费潜力，发展健康、文化、旅游、体育等服务消费。⑤

国内学者曾对 1994～2011 年我国城市化率对国内旅游发展的影响进行了统计分析（见图 6-2）。结果表明，随着城市化进程加快和城市化水平的提高，居民国内旅游出游率和居民人均旅游花费迅速提高，因而得出结论：城市化率与国内旅游发展呈现出某种正相关性。⑥ 在我国尚未实现完全城市化的阶段，城市化将是推动国内旅游发展的一个重要驱动力。

---

① Northam R M. *Urban Geography*. New York: J. Wiley Sons, 1975.
② 国家统计局、国务院第七次全国人口普查领导小组办公室：《全国第七次人口普查公报（第一号）——第七次全国人口普查工作基本情况》，中华人民共和国中央人民政府网，2021 年 5 月 11 日。
③ 高舜礼：《国家视域下的国民休闲与产业政策》，载《中国旅游报》2010 年 3 月 19 日。
④ 《〈国民旅游休闲计划纲要〉全面解读》，人民网，2013 年 3 月 15 日。
⑤ 《关于 2020 年国民经济和社会发展计划执行情况与 2021 年国民经济和社会发展计划草案的报告》，中华人民共和国中央人民政府网站，2021 年 3 月 13 日。
⑥ 杨亚丽、孙根年：《城市化推动我国国内旅游发展的时空动态分析》，载《经济地理》2013 第 33 卷第 7 期，第 169～175 页。

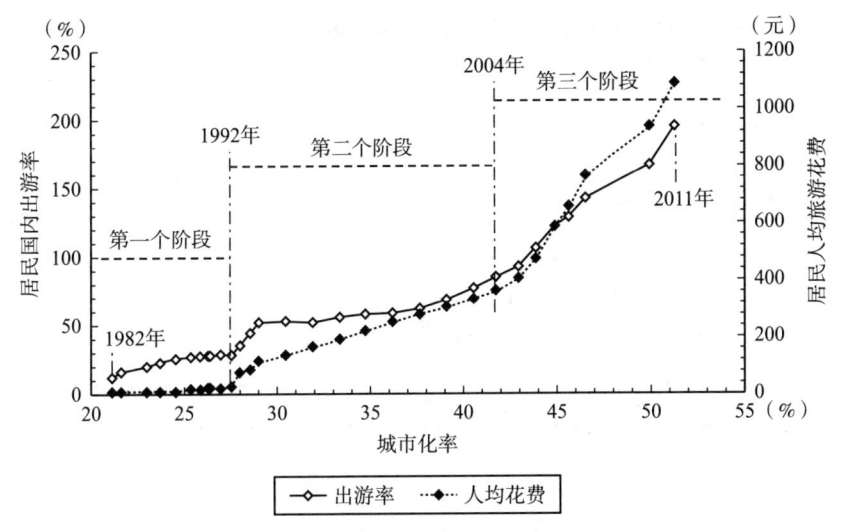

图 6-2　1982~2011 年我国城市化率与国内旅游关系散点图

资料来源：杨亚丽、孙根年：《城市化推动我国国内旅游发展的时空动态分析》，载《经济地理》2013 年第 33 卷第 7 期，第 169~175 页。

然而，纵观 2013~2019 年我国城镇居民旅游消费状况，纵然人均可支配收入连年上涨、旅游消费升级态势明显，旅游消费占城镇居民可支配收入的比例却没有表现出明显增长，甚至有的年份较上年略有下降（见表 6-1）。造成居民的旅游消费意愿与实际支出不符的原因是多方面的，但在很大程度上也说明了我国传统旅游休闲产业经营方式在满足国民旅游需要方面存在的不足，缺乏科学的产业规划，各地普遍存在的项目重复、功能雷同、产品定位不高、配套设施和环境较差等问题已成为制约城镇居民旅游休闲动力释放的瓶颈。探索城市旅游休闲产业的创新经营模式，已成为我国社会经济发展和城市建设的迫切要求。

三、旅游目的地社区化与社区旅游兴起，为城市旅游休闲产业发展提供了新模式

近年来，将旅游资源融合到反映城市居民生活状况的情景之中发展

表6-1　2013~2019年我国城镇居民旅游消费与人均可支配收入

年份	居民旅游消费（元）	人均可支配收入（元）	旅游消费占可支配收入的比重（%）
2013	1988.3	26467.0	7.55
2014	2142.3	28843.9	7.42
2015	2382.8	31194.8	7.64
2016	2637.6	33616.2	7.85
2017	2846.6	36396.2	7.82
2018	2974.1	39250.8	7.58
2019	3328.0	42358.8	7.86

资料来源：作者根据国家统计局发布的数据整理。

社区旅游已经成为目前旅游发展的新趋势之一。[1] 相对于传统的旅游发展方式，社区旅游不仅要考虑旅游景观、旅游环境的建设，还要考虑社区本身的建设；通过强调居民参与旅游开发，力求实现旅游目的地社区的经济、社会、环境效益的协调统一和最优化。发展社区旅游对于实现旅游与城市的协调发展具有较大的推动作用，体现了一种较为先进的旅游开发思路。

社区旅游的兴起有其客观原因。一方面，多年来旅游发展在带来经济利益的同时也产生了诸如环境污染、社会文化破坏，旅游业收益分配不公平等问题，这些往往都要由旅游发展中经常被忽视的社区来承担。在思考如何消解旅游发展带来的社会文化和环境的负面影响的基础上，社区参与就成为目的地社区与旅游发展的未来出路。

另一方面，由于旅游业发展涉及面广，旅游目的地产品更具有整体性特征，单纯依靠相关管理部门发展"景点游"不但难以实现经营效果的提升，更不足以树立鲜明的目的地形象、获取持续竞争优势。因此，通过民众参与以及社区环境、交通通信、社会治安等社区功能的完善实现旅游目的地社区化已成为当前旅游开发的趋势。鉴于社区不仅具有实施可持续发展的综合功能，又是可以把握的实体，从社区角度来思

---

[1] 孙剑冰：《从"文化标本"到"文化生活"——以苏州古典园林为资源的社区旅游发展模式研究》，载《旅游科学》2012年第26卷第4期，第1~7页。

考旅游开发问题有可能为实现旅游业的可持续发展找到可行的途径。[①]

近年来，国内诸多城市相继提出建设"休闲城市"的发展目标。其中，杭州于 2006 年和 2011 年两次举办世界休闲博览会，提出了建设国际休闲旅游中心和打造"东方休闲之都"的口号；成都在休闲文化建设上具有优势，培育起较为成功的城市休闲氛围和休闲意识；厦门、珠海凭借独特的区位条件和自然环境，在城市休闲空间管理上取得突破；大连在提出以"浪漫之都"作为城市旅游形象的定位时，将"休闲之都"作为其主题形象的一个重要分支。城市居民日常休闲消费的增加、外来旅游者在城市内进行休闲活动的增多、城区休闲项目的丰富以及环城旅游带的形成等均证明了这些城市在休闲产业发展方面的进步。

自从 2006 年《小康》杂志首次推选"十大休闲城市"并于 2010 年推出"中国休闲城市评价标准体系"以来，其在城市基础休闲力、环境休闲力、市民休闲力等方面的评估细则充分体现了我国休闲城市建设的参照标准（见表 6-2）。从根本上来说，这种创建活动充分体现了我国旅游目的地建设社区化的思想。相对于我国城市旅游休闲产业发展中普遍存在的旅游休闲产品升级换代滞后、资源的综合利用率不高、休

表 6-2　历届"中国十大休闲城市"（2007 年、2010 年、2013 年）及"中国十大活力休闲城市"（2016 年、2019 年）评选结果

发布时间	上榜城市
2007 年	成都、杭州、三亚、丽江、桂林、昆明、北海、五大连池、湛江、上海（松江）
2010 年	杭州、成都、南京、银川、吉林、扬州、湛江、呼伦贝尔、秦皇岛、舟山
2013 年	丽江、桂林、三亚、杭州、青岛、昆明、成都、南京、大连、扬州
2016 年	成都、杭州、上海、三亚、拉萨、惠州、中卫、丽水、镇江、秦皇岛
2019 年	青岛、杭州、成都、珠海、南京、海口、衢州、绍兴、桂林、重庆武隆区

资料来源：作者整理。

---

① 唐顺铁：《旅游目的地的社区化及社区旅游研究》，载《地理研究》1998 年第 17 卷第 2 期，第 145~150 页。

闲娱乐经营管理的市场化程度低、营销宣传不到位等问题，如何在城市发展进程中融入旅游和休闲产业、实现双方协调可持续发展成为休闲城市建设的重点与难点。与以往着重于发掘旅游景观吸引力、实现最佳经济效益的传统旅游发展模式不同，树立和维护社区形象、完善社区服务功能及服务设施、提高社区管理及服务水平，将为城市旅游休闲产业的创新发展提供新的思路。

第三节 城市社区旅游的理论基础与发展原则

一、城市社区旅游的理论基础

（一）城市旅游目的地的特点

作为旅游目的地的城市，除了具备一般城市的特点之外，还应具备旅游功能和一定的旅游基础条件，包括：旅游吸引物（旅游景点以及构成城市特有文化内涵与特点的文化、民俗、风情、历史等）、旅游服务系统（满足旅游活动所需的"游、住、行、食、娱、购"六个方面基本要素分别对应的硬件设施）、旅游支持系统（城市交通、通信、医疗、金融保险等）、旅游生态环境系统（城市绿地、大气、水体、噪声控制等）以及旅游软环境系统（人员素质、管理体制等）。

有学者认为，与乡村旅游发展的状况相比，城市和旅游的关系并不对称：城市对旅游业的发展十分重要，而旅游对城市的意义却难以一概而论。这种状况反映在旅游研究中，即对城市旅游与乡村旅游重视程度的"不均衡"。从旅游发展的现实状况来看，城市既是大部分游客的客源地，也是相对重要的目的地；且随着旅游产业的发展和城市化进程的加速，城市逐渐成为现代旅游的支撑点。[1] 然而，旅游研究却往往将城市旅游看作一种旅游产品或体验，而忽略了对其特征和属性的深入认

---

[1] 郑耀星、储德平：《区域旅游规划、开发与管理》，高等教育出版社2004年版。

识。正所谓"研究旅游的忽略了城市，研究城市的忽略了旅游"。[①]

造成这种"不均衡"的原因在于城市旅游的一些特点。尽管城市旅游较乡村旅游在实际游客数量和旅游经济收益上往往更占优势，然而由于城市功能较之乡村具有多样性，造成旅游在大部分城市中仅仅成为一项边缘附加活动；且由于城市设施在很大程度上为游客与本地居民共享，使得城市中相对密集的旅游活动和游客往往"隐含"在城市中而"不可见"，城市中的旅游区域也难以界定，因而加大了对城市旅游的研究难度。可见，旅游研究中的城乡不均衡是由旅游研究的性质和城市的性质共同造成的。

与此同时，以往对城市旅游的研究多数建立在旅游者行为研究的基础上，假设外来旅游者与城市居民具有不同的行为特征，然而，尽管二者行为上的差异客观存在，却不足以构成本质差别。长期以来，城市为旅游者提供的旅游产品和体验非常广泛，且随着休闲观念的影响日益深远，旅游休闲已经成为旅游者家庭生活的延伸，越来越多的旅游者希望在城市旅游目的地获得熟悉的"家"的感觉，而非强烈反差。在这种情况下，"游客只是离家的居民，居民就是每段旅程中的游客"。[②] 城市旅游客源地与目的地之间的旅游流在经济水平、社会文化发展上差异甚微，使得旅游者行为研究作为城市旅游研究的基础不再明显，在促使城市旅游的研究视角发生转变的同时，也将对城市旅游的开发思路产生影响。其中，从居民态度的角度入手研究城市旅游成为备受关注的研究思路。

（二）城市旅游规划的一般原理

自 20 世纪 30 年代起，旅游规划在西方国家日渐盛行。然而，由于规划所涉及的区域尺度不同（国家、省、州层面），且各地的政治体制、传统习惯、旅游发展基础不同，导致旅游规划的方法和模式呈现多样性，且难以找到一个具有普适性的最优方案。盖兹（Getz, 1986）曾对区域旅游规划的 150 种模型进行了分类[③]：整体系统模型将旅游业视

[①②] Ashworth G J, Urban tourism: An imbalance in attention, In C PCooper (ed.) *Progress in Tourism, Recreation and Hospitality Research*. London: Belhaven, 1989.

[③] Getz D, Models in Tourism Planning: towards Integration of Theory and Practice, *Tourism Management*, 1986 (7): 21-32.

为一个整体系统；空间/时间模型从地理学角度进行研究，强调当地主体与客体的关系，其中包括旅游吸引物、度假地的分布以及地区对于旅游业的依赖关系；动机和行为模型则深入研究旅游需求的社会、心理方面的影响因素，尤其是和吸引物相关的影响因素；影响模型则以包括乘数效应在内的各种经济影响为其研究侧重点，很少考虑社会和环境方面的影响；预测模型试图对未来的旅游发展情况进行预测；规划/管理模型则帮助解决旅游发展中的问题，引导制定最佳、最合理的旅游发展决策。各种模型都强调，在确定规划目标以及相应的规划程序时，应采取整合的系统方法。

通过对许多国家旅游规划方法的了解和研究，世界旅游组织（UNWTO）提出了一个包括以下五个阶段的一般性旅游规划过程：[①]

（1）研究准备阶段。由政府牵头，私人部门、政府部门等多方面专家组成一个规划团队，确定正确的规划方向。

（2）确定目标和目的。权衡经济、环境和社会等方面的情况，对目标和目的进行简要说明，获得旅游部门的反馈。

（3）进行调查。对现有旅游模式、潜在市场、现有的旅游服务设施、土地利用、经济环境、社会条件、自然和文化资源、政策以及融资状况进行调查和资料搜集。

（4）分析与综合。通过以上步骤确定旅游开发未来的限制条件和机遇，就需要新建和更新的旅游吸引物和设施以及旅游容量问题提出各类规划建议。

（5）政策与规划形成。权衡旅游发展的正面影响和负面影响，制定规划政策与建议。

二、城市社区旅游发展原则

鉴于城市旅游目的地的特点，城市社区旅游的发展往往是一个相对复杂的系统工程，且城市规模不同、等级不同、性质不同，其旅游开发

[①] McIntyre G, *Sustainable Tourism Development: Guide for Local Planners*. Madrid: World Tourism Organization, 1993.

规划的侧重点也有所差异。一般来讲,城市社区旅游发展应遵循如下原则:

(1) 优化结构原则。

旅游作为城市国民经济中的一个独立行业,应在产业构成中占有相应地位。旅游产业发展规模要与城市发展水平相适应,与旅游资源赋存相匹配,且能够带动城市相关产业的发展。旅游设施布局的空间结构要合理,且拥有完善且强大的旅游服务体系和相应的纵向管理系统。

(2) 阶段发展原则。

城市旅游开发要体现阶段性。近期开发规划要尽可能现实、可靠、可操作;远期开发规划则要体现战略性,兼具适应未来变化的灵活性。

(3) 城市旅游吸引整体营造原则。

在旅游开发中注重以整体形象形成吸引力,通过标志性建筑及代表性区域、特色项目等突出核心要素形成城市主题特色。

(4) 特色与创新原则。

旅游开发应从维护和发展城市文化的完整性、连续性和风貌出发,充分挖掘城市固有的历史文化积淀,合理选择其发展的主导模式,制定科学的旅游发展规划,以突出城市特征和个性。

(5) 开发与保护相协调原则。

旅游开发与保护要相互统一,保护是为了更好地开发,开发则促进保护。城市建设与旅游开发过程中,应着力协调旧城改造与保护历史文化的矛盾,体现新城建设与传统风格的共融。

第四节　济南百花洲片区社区旅游发展的案例研究

本节首先就百花洲片区的地理位置、资源赋存、整治开发状况进行概述,继而通过问卷调查对其社区旅游发展条件进行分析,最后提出百花洲片区社区旅游发展机制形成中的关键环节。

一、百花洲片区旅游发展的条件

(一) 百花洲片区概况

百花洲片区位于济南芙蓉街——曲水亭街历史文化街区内,具体范围东至泉乐坊、岱宗街,西至庠库门,南至万寿宫街、后宰门街,北至明湖路。片区内有百花洲、厚德泉、术虎泉、岱宗泉、北芙蓉泉、王府池子共6处水体,曲水亭街、岱宗街、后宰门街、万寿宫街、庠门里街、泮壁街、辘轳把子街共7条传统街巷,8处保留传统居民建筑,历史上曾有同元楼饭庄、远心斋酱园、庆育药店、钱茂林笔墨店、翡英斋裱画店、贵心斋点心铺等老字号在此经营。该片区泉水特色鲜明,文化价值突出,是泉城标志区的重要组成部分。

不仅如此,该片区在地理位置上还毗邻济南首家AAAAA景区——"天下第一泉"景区,靠近济南的城市地标"泉城广场"和泉城路核心商圈。运用社区旅游发展思路对该片区的休闲产业经营进行研究对打造泉城特色标志区、传承济南特色历史文化、提升城市竞争力将起到重要作用。

(二) 百花洲片区开发现状

2008年10月,济南市第十四届人大常委会第八次会议决定,对作为泉城特色标志区的明府城进行保护改造。2011年9月,已经完成拆迁的百花洲地块作为明府城改造项目的起步区,正式投入施工。该项目总投资约4.65亿元,由济南市城市园林绿化局负责实施。

经过多年的建设,百花洲片区初步展现出老济南的特色,坡屋顶、青瓦、花脊等元素形成了具有济南老民居特点的建筑风格:色彩以青砖白石为主,门楼屋顶有清水脊、元宝脊等屋脊形式。百花洲东侧片区的江西会馆、武岳庙、万寿宫等建筑主体都已完工;清代四合院结构的酒吧、宾馆将引进部分文化休闲娱乐项目,方便市民游玩。百花洲西侧片区的文庙已建成开放,魁星楼和聊斋书巢建成后将集中展示古时候士子的读书、应考生活。此外,文庙东文化展示区除恢复一批济南老字号外，还复建曲水亭棋社、茶社等，结合保留民居建设展馆、民俗文化展示馆、名人纪念馆等。通过空间优化布局，百花洲片区初步打造的环百花洲文化休闲区，文庙东文化展示区，后宰门民巷民俗文化体验区，明湖路南商业休闲区，万寿宫街传统文化、商业游览区5个功能区一一呈现，并与大明湖风景名胜区功能互补，相互衔接。百花洲片区的改造建设对高标准打造泉城特色风貌区、传承济南市特色历史文化、提升城市环境、带动旅游业发展、扩大济南在国际国内的知名度起到了重要的作用。

二、百花洲片区社区旅游发展条件调查

为了解百花洲片区居民参与旅游的意愿以及对旅游发展的基本态度，本研究首先运用问卷调查法，对该区域内居民的旅游参与意愿及旅游影响感知进行了调查和统计分析，进而对百花洲片区社区旅游发展存在的限制性因素与机会进行识别。

调研按照三个步骤进行：第一，在相关文献回顾的基础上，初步设计调查问卷；第二，展开预调查，形成正式问卷。以初始问卷为调查工具，通过小规模预调查及数据处理，对初始问卷的量表进行修订，最终形成正式问卷；第三，展开正式调查，获取数据并运用社会科学统计软件 SPSS 18.0 进行分析。

（一）初始问卷编制

问卷调查问卷作为抽样调查中收集信息的工具，对实证研究结果的可靠性具有重要影响。本研究使用的是标准化的结构性问卷，其设计步骤如下：

首先，对相关文献进行回顾，明确调查问卷的内容主要涉及三大部分。第一部分主要考察社区居民的旅游参与意愿，拟通过3个维度（决策参与意愿、战略实施参与意愿、利益共享与责任分担意愿）进行调查；第二部分主要考察社区居民对旅游影响的感知与态度，拟通过4个维度（对旅游业发展的经济影响的感知、社会影响的感知、环境影响的感知、对旅游业发展的态度）进行调查；第三部分考察被调查者的个人基本信息，包括性别、年龄、受教育程度、个人年收入、职业等内容。

问卷题项采用李克特式量表赋分,用完全不赞同、不太赞同、不知道、比较赞同、完全赞同表示,相应赋值为1、2、3、4、5。

其次,调查专家意见并修改问卷。其具体做法是,邀请旅游研究领域的学者2人,对初拟调查问卷的结构、测量维度以及测项用词进行讨论与修正。然后,邀请1位市场调研专业人士对问卷进行审查和修正,以尽可能使各测项包含的含义准确、措辞适当,更准确地计量本研究所涉及的多个变量。

经过多次修改,本研究最终形成了调查问卷的初稿(见附录A)。

(二) 预调查与问卷修正

在正式调研开始前笔者先后两次对百花洲片区内的部分常住居民及工商业主进行了随机走访,作为开展正式调研前的预调查。其目的为了解问卷中测项的词句是否易于理解、是否有所遗漏,以及初步检验问卷的信度与效度,找出问卷的不足之处并对其做出修正与完善。预调查现场发放问卷30份,收回29份。由于对调研对象进行了现场指导,并对其填写情况进行了监督,全部问卷均为有效问卷。此后,笔者运用统计软件SPSS 18.0对预调查问卷质量进行了检验。

1. 问卷项目分析

笔者首先对问卷所涉及的两个量表,即社区居民的旅游参与意愿量表与旅游影响感知与态度量表分别进行了项目分析。其具体做法是,首先计算样本在两个量表的各个分量表的得分总和,并依高低顺序进行排序,取得分最高的9份和得分最低的9份样本(各占样本总数约31%)分别作为高分组和低分组,用独立样本T检验来测试高分组和低分组在各分量表每个题项的得分是否存在显著性差异。从项目分析的结果来看,所有题项的CR值达到显著水平($\alpha<0.05$ 或 $\alpha<0.01$),这表明题项均有鉴别能力,可以鉴别出不同受试者的反应程度,可以予以保留。

2. 问卷效度检验

在进行因子分析之前,笔者首先借助修正后题项与总分相关分析(即Correct Item – Total Correlation,CITC)删除"垃圾测试条目(garbage items)",以便对题项进行纯化处理。本研究在此选取CITC小于0.35且删除该题项后总的Cronbach'α值增加作为删除题项的标准。根据各分量表 CITC 及条目删除 Cronbach's 系数的显示结果,见表 6-3,题项 A13 和 B33 的 CITC 值均小于 0.35 且删除后总的 Cronbach'α 升高,应予以删除。

表 6-3　　　　　　　　预调研数据 CITC 检验结果

量表	题项		CITC（题项对维度的更正相关系数）	条目删除 Cronbach's Alpha 值	是否保留
A 社区居民的旅游参与意愿	A1 决策参与	A11	0.512	0.923	是
		A12	0.351	0.924	是
		A13	0.322	0.925	否
		A14	0.415	0.923	是
	A2 实施参与	A21	0.515	0.923	是
		A22	0.672	0.921	是
		A23	0.590	0.922	是
		A24	0.584	0.922	是
	A3 利益共享与分担	A31	0.469	0.924	是
		A32	0.504	0.923	是
		A33	0.522	0.923	是
B 社区居民的旅游影响感知与态度	B1 经济影响感知	B11	0.504	0.923	是
		B12	0.352	0.926	是
		B13	0.531	0.923	是
		B14	0.469	0.924	是
	B2 社会影响感知	B21	0.485	0.923	是
		B22	0.515	0.923	是
		B23	0.672	0.921	是
		B24	0.398	0.925	是
		B25	0.494	0.924	是
	B3 环境影响感知	B31	0.590	0.922	是
		B32	0.584	0.922	是
		B33	0.299	0.927	否

续表

量表	题项		CITC（题项对维度的更正相关系数）	条目删除 Cronbach's Alpha 值	是否保留
B 社区居民的旅游影响感知与态度	B4 旅游态度	B41	0.451	0.923	是
		B42	0.611	0.921	是
		B43	0.513	0.923	是

资料来源：作者整理。

问卷效度检验衡量的是量表所测量的数据能否代表所预测的变量特性。社会科学领域对效度的检验主要有内容效度、结构效度与准则关联效度等。考虑到问卷形成过程中经过了广泛的文献研究并征求了专家意见，可以认为其内容效度，即"量表对于整个研究主题的代表性程度"[1] 是符合要求的，因而实证研究的重点在于检验结构效度。探索性因子分析（Exploratory Factor Analysis，EFA）就是检验量表结构效度的重要方法。

本研究进行探索性因子分析的具体做法是首先根据各分量表剩余题项的 KMO 检验（Kaiser–Meyer–Olkin measure of sampling adequacy）和 Bartlett 球体检验（Bartlett test of sephericity）对样本是否适合进行因子分析作出判断；而后使用主成份分析法（principal components analysis，PCA）进行方差最大化正交旋转，按照特征值准则确定提取公因子的个数，并根据公因子方差和因子负荷两项标准对题项进一步纯化。

如果 KMO 值小于 0.5，较不宜进行因子分析；则 KMO 值越大，表示变量间的共同因子越多，越适合进行因子分析，而 Bartlett 球体检验的统计值显著性小于等于显著性水平时，适合做因子分析。[2] 方差最大法旋转后题项的纯化标准可以参照纳利（Nunnally，1978）的观点，旋转后的因子负荷值小于 0.4 或者同时在两个因子上的负荷值都大于 0.4 的测项应予以删除；且如果一个测项同时在因子 A 和因子 B 上的负荷值都高于临界点，但如果删除该测项后，因子 A 和因子 B 又合并了，

---

[1] 金瑜：《心理测量》，华东师范大学出版社 2001 年版。
[2] 郭志刚：《社会统计分析方法——SPSS 软件应用》，中国人民大学出版社 2005 年版。

则该测项不删除。① 本研究应用统计软件 SPSS18.0 对数据采用主成份分析法，结合方差最大正交旋转提取公因子。

从 KMO 检验和 Bartlett 球体检验的结果来看，调查问卷中 A、B 两个分量表的 KMO 值分别为 0.793、0.712，均超过了因子分析的样本限制条件；Bartlett 球度检验的 χ^2 值分别为 171.652、193.741，显著性水平均为 0.000，这说明统计数据具有相关性，适合进行因子分析。

此后，笔者对量表 A 经过 2 次因子分析，删除了题项 A23 后经转轴提取到特征值大于 1 的公因子三个，其特征值分别为 4.321、2.813、2.753，解释方差的百分比分别为 34.815%、21.339%、19.836%，累积解释方差 75.990%。量表 B 经过 3 次因子分析，最终删除了 B14、B23 共 2 个题项，转轴后提取到特征值大于 1 的公因子 4 个，其特征值分别为 4.159、2.438、2.016、1.532，解释方差的百分比分别为 29.815%、16.321%、13.416% 和 11.230%，累积解释方差 70.782%。

3. 问卷信度检验

为了进一步了解问卷测度的一致性（consistency）与稳定性（stability），需要进行量表各层面与总量表的信度检验。评估量表一致性的指标有折半信度（split-half reliability）、Cronbach's 系数等。本文在此采用的是 Cronbach'α 系数。通常学者们认为信度在 0.7 以上即可认为具有可靠性。② 同时，应该根据这一标准将信度较低的项目删除，以保持量表的一致性。

从得到的数据来看，A、B 量表的 Cronbach's 值分别为 0.915、0.823，说明量表的信度颇佳，可以形成正式问卷投入正式调查。

（三）正式调查与数据分析

经预调研修正后的调查问卷由三大部分组成。第一部分主要考察社区居民的旅游参与意愿，主要通过 3 个维度（决策参与意愿、实施参与意愿、利益共享与责任分担意愿）共 9 个题项进行调查；第二部分主要考察社区居民对旅游影响的感知与态度，主要通过 4 个维度（对旅游业

---

①② Nunnally J. *Psychometric Theory*. New York：McGraw‐Hill，1978.

发展的经济影响的感知、社会影响的感知、环境影响的感知、对旅游业发展的态度）共 12 个题项进行调查；第三部分考察被调查者的个人基本信息，包括性别、年龄、受教育程度、家庭收入、职业等内容。（见附录 B）笔者共发放问卷 60 份，回收 53 份，其中有效问卷 48 份。

1. 被调查者的基本信息

对 48 份有效问卷进行统计，此次调查的受访对象在性别、年龄、职业、受教育程度以及家庭年收入方面的基本信息如表 6-4 所示。

表 6-4 被调查者的基本信息

	选项	人数	所占百分比（%）
性别	男	26	54.17
	女	22	45.83
年龄	20 岁以下	8	16.67
	20~35 岁	11	22.92
	36~50 岁	19	39.53
	50 岁以上	10	20.83
受教育程度	初中及以下	7	14.58
	高中或中专	13	27.08
	大专	8	16.67
	本科	16	33.33
	研究生及以上	4	8.33
职业	行政/事业单位干部及工作人员	6	12.50
	企业管理者及职工	13	27.08
	私营业主/个体工商户	6	12.50
	专业技术人员	4	8.33
	自由职业者	4	8.33
	学生	6	12.50
	离退休人员	7	14.58
	其他	2	4.17

续表

	选项	人数	所占百分比（%）
家庭年收入	50000 元以下	6	12.50
	50000~100000 元	29	60.42
	100000 元以上	13	27.08

资料来源：作者整理。

2. 居民参与旅游发展的数据分析

正式调查问卷的第一部分共设计了9个题项，从决策参与意愿、战略实施参与意愿、利益共享与责任分担意愿3个维度对社区居民参与旅游发展的程度进行调研。运用统计软件 SPSS 对所得数据进行分析，可以得出百花洲片区居民参与旅游发展意愿的基本情况（见表6－5）。

表6－5　　　济南百花洲片区居民参与旅游发展意愿状况

	题项	平均值	标准差	赞成率
决策参与意愿	本地居民应该有机会参与有关旅游发展的决定	3.67	1.13	63.1
	有关旅游规划问题应该征求本地居民的意见	3.24	0.95	44.1
	本地居民应共同讨论应对旅游发展所带来的环境问题	3.35	0.91	48.4
战略实施参与意愿	本地居民应有渠道监督社区旅游规划或决策的实施	3.56	0.71	58.7
	旅游所需的产品和服务应尽可能由当地满足	3.49	0.76	55.3
	我关注社区内旅游业的发展	3.91	0.89	69.4
利益共享与责任分担意愿	旅游所产生的利益要在当地广泛分配	3.85	0.84	72.4
	我愿意了解社区旅游发展的相关政策	4.01	0.78	76.1
	我愿意参加旅游培训	3.96	0.81	74.8

注：赞同率是"比较赞同"与"完全赞同"之和的样本与总样本的比例。
资料来源：作者整理。

从以上数据可以看出，百花洲社区居民参与旅游决策与战略实施的意愿状况相对一般，而旅游发展利益共享与责任分担意愿较为明显。其中，63.1%的居民赞同"本地居民应该有机会参与有关旅游发展的决定"，这在一定程度上反映了社区居民参与旅游发展决策的积极意愿。但在关于旅游发展规划和环境问题的决策参与上，居民的意愿不甚强烈

(均小于50%)。造成这种状况的原因也许在于居民对旅游发展关键问题的理解不够清晰,或是对具体参与的执行过程存疑。对旅游战略实施参与意愿的赞成率均超过50%。其中愿意对社区内的旅游发展加以关注的比例达到了69.4%。表示愿意共享旅游发展的利益、了解社区旅游发展相关政策、参加旅游培训的比例均高于70%。这表明,尽管对百花洲片区作为旅游接待区域有目的地进行开发的时间并不算长,由于该区域在地理位置上毗邻大明湖、趵突泉、五龙潭等济南的最具吸引力的传统优势旅游资源,居民对旅游发展的要求并不陌生,且对其关注较为普遍。

3. 居民对旅游业影响的感知与态度数据分析

正式调查问卷的第二部分共设计了12个问题,从社区居民对旅游业发展的经济影响的感知、社会影响的感知、环境影响的感知以及对旅游业发展的态度4个维度调研社区居民对旅游业的感知与态度。运用统计软件SPSS对所得数据进行分析,可以得出百花洲片区居民对旅游业影响的感知与态度的基本情况,见表6-6。

表6-6　济南百花洲片区居民对旅游业影响的感知与态度状况

	题项	平均值	标准差	赞成率
对旅游经济影响的感知	旅游发展为社区带来了持续的经济效益	3.74	0.82	72.3
	发展旅游能增加居民的个人收入	2.61	1.12	36.1
	旅游发展增加了社区居民的就业机会	3.71	1.01	53.2
对旅游社会影响的感知	发展旅游有利于提高当地知名度	4.32	0.72	88.2
	发展旅游有利于当地传统文化的发掘和发展	3.98	0.83	74.1
	旅游业促进社区居民对社区的热爱	3.73	0.96	69.2
	发展旅游业可以促进居民思想观念有所进步	3.47	1.19	46.4
对旅游环境影响的感知	旅游使本地居民居住和生活质量提高	3.06	0.98	40.5
	发展旅游促进了当地环境质量的改善	2.85	1.13	34.0
对旅游业发展的态度	我对社区内旅游业的发展现状持肯定态度	3.96	0.89	74.8
	我对未来本地旅游业的进一步发展表示支持	3.87	0.91	73.7
	总体上,旅游业发展利大于弊	3.92	0.88	73.6

注:赞同率是"比较赞同"与"完全赞同"之和的样本与总样本的比例。
资料来源:作者整理。

从上述数据可以看出，百花洲片区居民对旅游发展的总体态度较为积极（相关三个题项的赞同率均在70%以上），但对于旅游带来的具体影响有不同认识。具体来说，居民对旅游发展带来经济收益持肯定态度（赞成率72.3%），对旅游发展带来就业机会较为认同（赞成率53.2%），但对旅游发展带来个人收入增长持相对消极态度（赞成率仅为36.1%）。与之相比，居民对旅游发展提高当地知名度、保护传统文化和促进对社区的热爱之情持较为普遍的肯定态度，对旅游发展促进思想观念的进步略有不同认识（赞成率46.4%）。在对旅游影响认知的各个层面，居民对旅游发展带来的环境影响持相对消极态度，赞同"旅游使本地居住和生活质量提高"的比例为40.5%，认为"发展旅游促进了当地环境质量的改善"的仅为34.0%。

三、百花洲片区社区旅游发展机制的形成

（一）百花洲片区社区旅游发展的有利条件与限制性因素

作为济南泉文化旅游区的重要依托，百花洲片区的整治改造备受关注；再加之济南作为山东省省会城市在近年来"好客山东"旅游发展中"客流集散地"的战略地位日益显现，都为百花洲片区休闲旅游业的发展提供了客观有利环境。从社区旅游发展的自身要求来看，百花洲片区的内在有利条件主要表现为：

1. 社区居民对旅游发展普遍抱有正面积极态度

相关统计数据表明，尽管居民对旅游发展具体影响的认知尚存在差异，70%以上的居民对本地旅游业的发展持肯定、支持态度，认为旅游业发展的正面意义大于负面影响。这种正面积极态度是地方旅游业发展在社区层面取得支持、争取居民参与的重要基础。现代旅游业的发展表明，社区好客、和谐的氛围是重要的旅游吸引物，对抱有正面积极态度的社区居民加以培训、引导，易于形成友好、好客的旅游接待氛围，从而有利于旅游业的发展。

2. 社区居民分享旅游发展成果、参与承担旅游发展责任的意愿水平较高

从世界各地发展旅游的经验来看，旅游产生的经济利益往往是促进目的地旅游政策出台的重要因素。随着可持续发展理念的渗透，旅游发展带来的负面社会、环境影响使人们对旅游影响的认识更加全面。作为地方旅游业发展相关利益群体的重要组成部分之一，社区居民如何看待旅游发展带来的影响、应对旅游发展带来的社会、环境问题关系到目的地的持续发展潜力。百花洲片区区位上的优势使得当地居民对旅游发展的影响有较为直观的感受，尽管对旅游带来的负面影响有所认识，但当地居民仍保持了参与旅游发展利益分享、责任承担的较高的意愿水平而不是冷漠旁观，这反映了旅游业发展在当地具有较好的群众基础。

当然，百花洲片区实施社区旅游战略也面临一些因素的限制，具体来说主要有以下几点：

1. 居民对参与旅游发展的具体事项如旅游规划、环境保护等的意愿有待提升

调研数据表明，居民在对参与旅游决策表现出较高意愿水平的同时，对参与旅游发展规划、环境保护问题的意愿相对薄弱。造成这种情况的原因有两方面，一是实践中长期以来缺乏居民具体参与上述决策的经验，造成居民对相关问题的重要性认识不足；二是尚未形成参与上述决策的具体执行方案，造成居民对决策执行情况的质疑。

2. 对旅游发展带来的部分影响持消极态度

调研结果表明，百花洲片区居民对旅游发展所产生影响的消极认识主要集中在旅游对居民个人收益的提升方面、对居住条件和自然环境的影响方面。尽管旅游业发展对地方经济的贡献有目共睹，这种经济贡献在居民个人收益上的体现通常仍须经历若干中间环节。特别是百花洲片区尽管作为济南泉文化标志旅游区的重要依托，在整体旅游收益以景点门票为主的结构导向下，景区周边社区在旅游发展的食、住、行、游、购、娱等综合产品的开发方面仍显不足，这使得社区居民感受到的个人收益的提升与旅游发展的兴旺"人气"不相协调。与此同时，旅游产品开发中缺乏文化传统和环境保护意识的渗透，使得部分居民感受到的旅游对社会文化和自然环境的积极影响并不突出。

(二) 百花洲片区社区旅游发展机制形成的关键环节

综合上述百花洲片区社区旅游发展的机会与限制因素，现阶段要推进当地社区旅游发展模式的实行，需要着重处理好以下关键环节：

1. 加强社区居民参与旅游意识的培育

在旅游发展过程中，政府部门应注重通过培训和各种宣传活动使社区居民参与到旅游决策与旅游资源的保护中去，增强社区凝聚力和认同感。在有条件的社区，可以推行政府、居民与民间组织共建的开发方式。对于关系到社区旅游发展的关键问题，应给予社区居民和民间组织更多的决策权力，这样就可以调动居民参与旅游的积极性。

2. 协调社区居民之间及其与旅游者、其他利益相关者之间在文化和利益方面的冲突与矛盾

要建造居民、旅游者与其他利益相关者的和谐发展环境，当地政府首先要在制度上营造积极稳定的旅游参与环境。通过努力提供相关的旅游项目，使参与旅游的社区居民获取持续性的、稳定的和预期的丰厚收益，而且这一收益的水平足以吸引到当地居民参与其中并弥补因失去其他工作所带来的损失。同时，政府还要积极创造条件，积极为当地居民户提供旅游中小额优惠贷款和定期开展免费旅游从业知识培训，破除当地居民参与旅游过程中资金短缺，不善经营的制约，并在政策上提供连续性的保障，打消本地居民参与旅游的后顾之忧。

其次，要创造和谐的社区内部人际关系，以及社区居民同旅游者、外来经营者及工作人员之间的和谐关系，要建立各群体之间的相互信任，即信任"那些我们并不认识的人或可能与我们不同的人"。而形成这种群体之间信任的基础在于形成并践行社区的内在规范，并以此为基础建立社区信任，从而为社区居民进一步交往与互动、形成与扩展社区社会关系网络乃至整个社区秩序提供前提。只有在社区规范得到践行的社区中，社区居民之间才能建立充分的信任，旅游社区内部，以及社区居民与旅游者和外来者的关系才能和谐，居民之间才能形成参与旅游的动力，社区旅游才能实现可持续发展。

四、研究结论

通过对济南百花洲片区进行案例研究，考察社区居民参与旅游开发的程度以及对旅游业影响的感知与态度，以此为基础构建了具有可操作性的社区旅游发展模式，其特征为：旅游者和居民的利益统一在街区生活环境改善之上；以泉水为平台形成旅游者和居民间的交流；泉水资源保护的旅游者和居民双方参与。

当前城市旅游休闲产业发展正面临前所未有的大好机遇。然而传统的以景点为核心的旅游开发模式由于割断了景区与居民生活的联系、缺乏对社区居民的关注，造成了一系列的负面影响，亟须转变。社区旅游作为一种以社区为核心的旅游开发模式，具体表现为社区在旅游发展的决策、规划及其实施、监督、发展成本分担等方面发挥重要作用。与传统旅游开发模式相比，社区旅游具有以下特点：①社区旅游不仅要考虑社区的旅游景观、旅游环境的建设，还要考虑社区本身的建设；②社区旅游强调居民参与旅游开发；③社区旅游的目标是实现旅游目的地社区的经济、社会、环境效益的协调统一和最优化。相对于传统旅游开发方式，社区旅游不仅能为旅游者提供优质的旅游产品，更能给社区居民带来可观的社会文化、经济、环境效益，实现社区与旅游的协调、可持续发展，因而体现了一种较为先进的旅游开发思路。运用社区旅游模式对城市旅游休闲产业进行创新经营对于塑造城市特色、传承历史文化、提升城市竞争力将起到重要作用。

附录 A

预调查问卷

尊敬的女士/先生：

您好！我是山东财经大学旅游管理系的一名教师，正在进行一项关于社区旅游的研究，希望通过以下问卷得到您的帮助。回答问卷约占用您十分钟的时间，问卷答案并无"对"与"错"之分，您只需按照真实看法和感受，在适当的选项上打"√"即可。问卷采用不记名方式，本人承诺您所填写的内容仅供学术研究之用，请放心填写。

对您的热心协助和支持，本人表示衷心感谢！

第一部分

经过近年来的整治改造，您所生活的社区正成为济南旅游休闲产业的重要依托。您认为居民在社区的旅游休闲事业发展中应发挥何种作用？请根据您的认识为以下事项选择相应的分值。（1 = "非常不赞同"，2 = "不太赞同"，3 = "不知道"，4 = "比较赞同"，5 = "完全赞同"，请您在相应分值上打"√"。）

事项	非常不赞同——→完全赞同				
本地居民应该有机会参与有关旅游发展的决定	1	2	3	4	5
有关旅游规划问题应该征求本地居民的意见	1	2	3	4	5
本地居民应有权决定风俗文化是否与旅游者共享	1	2	3	4	5
本地居民应共同讨论应对旅游发展所带来的环境问题	1	2	3	4	5
本地居民应有渠道监督社区旅游规划或决策的实施	1	2	3	4	5
旅游所需的产品和服务应尽可能由当地满足	1	2	3	4	5
当地居民应该与游客进行文化交流	1	2	3	4	5
我关注社区内旅游业的发展	1	2	3	4	5

续表

事项	非常不赞同——→完全赞同				
旅游所产生的利益要在当地广泛分配	1	2	3	4	5
我愿意了解社区旅游发展的相关政策	1	2	3	4	5
我愿意参加旅游培训	1	2	3	4	5

第二部分

您认为旅游业的发展对您和所在的社区产生了哪些影响？您对发展旅游业的态度如何？请根据您的认识为以下事项选择相应的分值。（1＝"非常不赞同"，2＝"不太赞同"，3＝"不知道"，4＝"比较赞同"，5＝"完全赞同"，请在相应分值上打"√"）

事项	非常不赞同——→完全赞同				
旅游发展为社区带来了持续的经济收益	1	2	3	4	5
发展旅游能增加居民的个人收入	1	2	3	4	5
旅游发展增加了社区居民的就业机会	1	2	3	4	5
旅游者的到来不会使生活费用提高	1	2	3	4	5
发展旅游有利于提高当地知名度	1	2	3	4	5
发展旅游有利于当地传统文化的发掘和发展	1	2	3	4	5
旅游业可以丰富当地的文化生活	1	2	3	4	5
旅游业促进社区居民对社区的热爱	1	2	3	4	5
发展旅游业可以促进居民思想观念有所进步	1	2	3	4	5
旅游使本地居民居住和生活质量提高	1	2	3	4	5
发展旅游促进了当地环境质量的改善	1	2	3	4	5
发展旅游有利于增强当地居民的环境保护意识	1	2	3	4	5
我对社区内旅游业的发展现状持肯定态度	1	2	3	4	5
我对未来本地旅游业的进一步发展表示支持	1	2	3	4	5
总体上，旅游业发展利大于弊	1	2	3	4	5

第三部分

请您提供简单的个人资料：

1. 您的性别：□男　　　　□女
2. 您的年龄：
□20 岁以下　　□20 ~ 35 岁　　□36 ~ 50 岁　　□50 岁以上
3. 您的受教育程度：
□初中及以下　　　　□高中或中专　　　　□大专
□本科　　　　　　　□研究生及以上
4. 您的职业：
□行政/事业单位干部及工作人员　　□企业管理者及职工
□私营业主/个体工商户　　　　　　□专业技术人员
□自由职业者　　　　　　　　　　　□学生
□离退休人员　　　　　　　　　　　□其他
5. 个人年收入：
□30000 元以下　　□30000 ~ 100000 元　　□100000 元以上

附录 B

正式调查问卷

尊敬的女士/先生：

您好！我是山东财经大学旅游管理系的一名教师，正在进行一项关于社区旅游的研究，希望通过以下问卷得到您的帮助。回答问卷约占用您十分钟的时间，问卷答案并无"对"与"错"之分，您只需按照真实看法和感受，在适当的选项上打"√"即可。问卷采用不记名方式，本人承诺您所填写的内容仅供学术研究之用，请放心填写。

对您的热心协助和支持，本人表示衷心感谢！

第一部分

经过近年来的整治改造，您所生活的社区正成为济南旅游休闲产业的重要依托。您认为居民在社区的旅游休闲事业发展中应发挥何种作用？请根据您的认识为以下事项选择相应的分值。（1 = "非常不赞同"，2 = "不太赞同"，3 = "不知道"，4 = "比较赞同"，5 = "完全赞同"，请您在相应分值上打"√"。）

事项	非常不赞同——→完全赞同				
本地居民应该有机会参与有关旅游发展的决定	1	2	3	4	5
有关旅游规划问题应该征求本地居民的意见	1	2	3	4	5
本地居民应共同讨论应对旅游发展所带来的环境问题	1	2	3	4	5
本地居民应有渠道监督社区旅游规划或决策的实施	1	2	3	4	5
旅游所需的产品和服务应尽可能由当地满足	1	2	3	4	5
我关注社区内旅游业的发展	1	2	3	4	5
旅游所产生的利益要在当地广泛分配	1	2	3	4	5
我愿意了解社区旅游发展的相关政策	1	2	3	4	5
我愿意参加旅游培训	1	2	3	4	5

第二部分

您认为旅游业的发展对您和所在的社区产生了哪些影响？您对发展旅游业的态度如何？请根据您的认识为以下事项选择相应的分值。（1 = "非常不赞同"，2 = "不太赞同"，3 = "不知道"，4 = "比较赞同"，5 = "完全赞同"，请在相应分值上打"√"）

事项	非常不赞同——完全赞同				
旅游发展为社区带来了持续的经济收益	1	2	3	4	5
发展旅游能增加居民的个人收入	1	2	3	4	5
旅游发展增加了社区居民的就业机会	1	2	3	4	5
发展旅游有利于提高当地知名度	1	2	3	4	5
发展旅游有利于当地传统文化的发掘和发展	1	2	3	4	5
旅游业促进社区居民对社区的热爱	1	2	3	4	5
发展旅游业可以促进居民思想观念有所进步	1	2	3	4	5
旅游使本地居民居住和生活质量提高	1	2	3	4	5
发展旅游促进了当地环境质量的改善	1	2	3	4	5
我对社区内旅游业的发展现状持肯定态度	1	2	3	4	5
我对未来本地旅游业的进一步发展表示支持	1	2	3	4	5
总体上，旅游业发展利大于弊	1	2	3	4	5

第三部分

请您提供简单的个人资料：

1. 您的性别：□男　　　　□女
2. 您的年龄：

□20 岁以下　　□20~35 岁　　□36~50 岁　　□50 岁以上

3. 您的受教育程度：

□初中及以下　　　　□高中或中专　　　　□大专

□本科　　　　　　　　　□研究生及以上

4. 您的职业：

□行政/事业单位干部及工作人员　　□企业管理者及职工

□私营业主/个体工商户　　　　　　□专业技术人员

□自由职业者　　　　　　　　　　　□学生

□离退休人员　　　　　　　　　　　□其他

5. 个人年收入：

□30000 元以下　　□30000～100000 元　　□100000 元以上

参 考 文 献

[1] [美] 阿瑟·梅尔霍夫，谭新娇译：《社区设计》，中国社会出版社2002年版。

[2] [英] 埃比尼泽·霍华德，金经元译：《明日的田园城市》，商务印书馆2010年版。

[3] 保继刚、孙久霞：《社区参与旅游发展的中西差异》，载《地理学报》2006年第61卷第4期，第401~413页。

[4] 保继刚、文彤：《社区旅游发展研究述评》，载《桂林旅游高等专科学校学报》2002年第13卷第4期，第13~18页。

[5] 保继刚、左冰：《为旅游吸引物权立法》，载《旅游学刊》2012年第7期，第11~18页。

[6] 《2012年中央经济工作会议公报》，共产党员网，2012年12月17日。

[7] 曹阳：《上海都市社区旅游发展模式研究》，上海师范大学硕士学位论文，2013年。

[8] 陈爱：《城市社区旅游开发研究——以成都宽窄巷子社区为例》，四川师范大学硕士学位论文，2010年。

[9] 陈鹏：《"社区"概念的本土化历程》，载《城市观察》2013年第6期，第163~169页。

[10] 陈氏沧玄：《越南和平省社区旅游发展问题研究》，东北师范大学硕士学位论文，2012年。

[11] 丁康乐、黄丽玲、郑卫：《台湾地区社区营造探析》，载《浙江大学学报（理学版）》2013年第40卷第6期，第716~725页。

[12] 丁元竹：《社区的基本理论与方法》，北京师范大学出版社2009年版。

［13］段辉：《对"S型曲线"城市化理论的再讨论》，载《技术经济与管理研究》2015年第10期，第119～123页。

［14］范文清：《旅游业已成为世界最大产业——世界旅游与观光理事会1993年年度报告》，载《北京第二外国语学院学报》1994年第6期，第8～16页。

［15］［德］斐迪南·滕尼斯：《共同体与社会：纯粹社会学的基本概念》，林荣远译，商务印书馆1999年版。

［16］费孝通：《乡土中国》，人民出版社2008年版。

［17］［美］弗里曼：《战略管理——利益相关者方法》，王彦华、梁豪著，上海译文出版社2006年版。

［18］高舜礼：《国家视域下的国民休闲与产业政策》，载《中国旅游报》2010年3月19日。

［19］国家财政部：《财政部印发开展农村综合性改革试点试验实施方案》，中华人民共和国中央人民政府网站，http：//www.gov.cn/xinwen/2017-06/12/content_5201874.htm，2017年6月12日。

［20］国家旅游局：《中国最佳旅游城市创建指南》及《实施细则》，2003年。

［21］国家统计局：《2018年中国农民工监测调查报告》，国家统计局网站，http：//www.stats.gov.cn/tjsj/zxfb/201904/t20190429_1662268.html，2021年4月30日。

［22］国家统计局：《2020年居民收入和消费支出情况》，国家统计局网站，http：//www.stats.gov.cn/tjsj/zxfb/202101/t20210118_1812425.html，2021年1月18日。

［23］国家统计局、国务院第七次全国人口普查领导小组办公室：《全国第七次人口普查公报（第一号）——第七次全国人口普查工作基本情况》，中华人民共和国中央人民政府网，http：//www.gov.cn/guoqing/2021-05/13/content_5606149.htm，2021年5月11日。

［24］国家住房和城乡建设部：《2020年城乡建设年鉴》，http：//mohurd.gov.cn/xytj/tjzljsxytjgb/jstjnj/index.html，中华人民共和国住房和城乡建设部网站，2021年10月12日。

［25］国务院办公厅：《国务院办公厅关于印发国民旅游休闲纲要

(2013—2020 年）的通知》，中华人民共和国中央人民政府网站，http://www.gov.cn/zwgk/2013-02/18/content_2333544.htm，2013 年 2 月 18 日。

[26] 郭志刚：《社会统计分析方法——SPSS 软件应用》，中国人民大学 2005 年版。

[27] 洪颖、卓玛：《滇西北香格里拉生态旅游开发与藏族社区文化调查研究》，载《思想战线》2000 年第 26 卷第 6 期，第 81~84 页。

[28] 胡锦涛：《高举中国特色社会主义伟大旗帜，为夺取全面建设小康社会新胜利而奋斗——在中国共产党第十七次全国代表大会上的报告》，人民出版社 2012 年版。

[29] [美] 胡里奥·阿兰贝里：《现代大众旅游》，谢彦君译，旅游教育出版社 2014 年版。

[30] 胡澎：《日本"社区营造"论——从"市民参与"到"市民主体"》，载《日本学刊》2013 年第 3 期，第 119~134 页。

[31] 黄洁、吴赞科：《目的地居民对旅游影响的认知态度研究——以浙江省兰溪市诸葛、长乐村为例》，载《旅游学刊》2003 年第 18 卷第 6 期，第 84~89 页。

[32] 黄祖辉：《准确把握中国乡村振兴战略》，载《中国农村经济》2018 年第 4 期，第 2~12 页。

[33] 《济南 4.65 亿元打造全新百花洲，预计明年年底完工》，齐鲁网，http://www.iqilu.com/html/minsheng/zixun/2011/0927/561779.html，2011 年 9 月 27 日。

[34] 季铁：《基于社区和网络的设计与社会创新》，湖南大学博士学位论文，2012 年。

[35] [加] 简·雅各布斯：《美国大城市的死与生》，金衡山译，译林出版社 2006 年版。

[36] 江泽民：《全面建设小康社会，开创中国特色社会主义事业新局面——中国共产党第十六次全国代表大会大会》，人民出版社 2002 年版。

[37] 金瑜：《心理测量》，华东师范大学出版社 2001 年版。

[38] [美] 克莱尔·A. 冈恩、[土] 特格特·瓦尔：《旅游规划：

理论与案例》，吴必虎、吴冬青、党宁译，东北财经大学出版社2005年版。

［39］《李宝春：休闲旅游时代已正式到来》，搜狐网，https：//www.sohu.com/a/349573827_114988，2019年10月25日。

［40］李凡、蔡桢燕：《古村落旅游开发中的利益主体研究——以大旗头古村为例》，载《旅游学刊》2007年第22卷第1期，第42~48页。

［41］黎洁、赵西萍：《社区参与旅游发展理论的若干经济学质疑》，载《旅游学刊》2000年第15卷第4期，第44~47页。

［42］李克强：《协调推进城镇化是实现现代化的重大战略选择》，载《行政管理改革》2012年第11期，第4~10页。

［43］李强、陈文祥：《少数民族旅游发展中社区自主权的思考》，载《贵州民族研究》2007年第27卷第2期，第21~25页。

［44］李强、陈宇琳、刘精明：《中国城镇化"推进模式"研究》，载《中国社会科学》2012（7）：82-100。

［45］李天元：《旅游学概论》，南开大学出版社2014年版。

［46］李志敏、汪长玉：《台湾生活文创型社区的发展历程及开发经验》，载《经营与管理》2016（8）：23-27。

［47］《联合国报告：国际旅游业要到2023年才能恢复至疫情水平》，新旅界，http：//www.lvjie.com.cn/brand/2021/0630/23412.html，2021年6月30日。

［48］《变革我们的世界：2030年可持续发展议程》，外交部网站，http：//infogate.fmprc.gov.cn/web/ziliao_674904/zt_674979/dnzt_674981/qtzt/2030kcxfzyc_686343/201601/t20160113_9279987.shtml，2016年1月13日。

［49］联合国经济和社会事务部人口司：《〈2018年版世界城镇化展望〉报告发布》载《上海城市规划》2018年第3期，第129页。

［50］缪芳：《社区参与对古民居旅游开发及旅游容量的影响——以福建省福州市闽清县宏琳厝旅游开发为例》，载《辽宁师范大学学报（自然科学版）》2005年第28卷第3期，第355~357页。

［51］林万亿：《台湾的社会福利：历史经验与制度分析》，五南图

书出版股份有限公司2006年版。

［52］刘金龙、彭世揆：《中国和加拿大在发展中社区参与的比较》，载《南京林业大学学报（人文社会科学版）》2002，2（1）：68-73。

［53］刘丽梅、吕君：《中国社区参与旅游发展研究述评》，载《地理科学进展》2010年第29卷第8期，第1018~1024页。

［54］刘旺、王汝辉：《文化权理论在少数民族社区旅游发展中的应用研究——以四川省理县桃坪羌寨为例》，载《旅游科学》2008年第22卷第2期，第63~68页。

［55］刘纬华：《关于社区参与旅游发展的若干理论思考》，载《旅游学刊》2000年第15卷第1期，第47~52页。

［56］刘晓春：《日本、台湾的"社区营造"对新型城镇化建设过程中非遗保护的启示》，载《民俗研究》2014年第5期，第5~12页。

［57］楼嘉军、李丽梅、杨勇：《我国城市休闲化质量测度的实证研究》，载《旅游科学》2012年第26卷第5期，第45~53页。

［58］楼嘉军、徐爱萍：《试论休闲时代发展阶段及特点》，载《旅游科学》2009年第23卷第1期，第61~66页。

［59］罗永常：《乡村旅游社区参与研究——以黔东南苗族侗族自治州雷山县郎德村为例》，载《贵州师范大学学报（自然科学版）》2005年第23卷第4期，第108~111页。

［60］莫筱筱、明亮：《台湾社区营造的经验及启示》，载《城市发展研究》2016年第23卷第1期，第91~96页。

［61］［美］帕克、［美］麦肯齐：《城市社会学：芝加哥学派城市研究文集》，宋俊岭、吴建华，译，华夏出版社1987年版。

［62］［澳］Peter E. Murphy、Ann E. Murphy：《旅游社区战略管理：弥合旅游差距》，陶犁、邓衡、张兵，译，南开大学出版社2006年版。

［63］［日］山崎亮：《社区设计》，胡珊译，北京科学技术出版社2019年版。

［64］《深度解读国内首个田园综合体标杆项目——无锡田园东方》，搜狐网，2018年1月2日。

［65］盛世豪、张伟明：《特色小镇，一种产业空间组织形式》，载

《浙江社会科学》2016年第3期，第36~38页。

[66] 世界环境与发展委员会：《我们共同的未来》，王之佳、柯金良，译，吉林人民出版社1997年版。

[67] 世界旅游城市联合会、中国社会科学院旅游研究中心：《世界旅游经济趋势报告（2020）》，网易，https://travel.163.com/20/0109/11/F2EQ299T00068AIR.html，2020年1月9日。

[68]《世界旅游组织：2020年是旅游史上最糟糕的一年，国际游客降幅74%》，财经网，2021年3月9日。

[69] 时少华、宁泽群：《城市景区社区一体化中居民参与旅游发展的困境、成因与路径选择——以北京什刹海旅游社区为例》，载《华侨大学学报（哲学社会科学版）》2014年第1期，第45~51页。

[70] 石正方、刘继生：《经济欠发达地区旅游开发模式研究》，载《旅游学刊》2000年第6期，第19~23页。

[71] 孙峰华、唐明达：《社区及其研究途径》，载《新疆大学学报（哲学社会科学版）》1993年第4期，第55~59页。

[72] 孙剑冰：《从"文化标本"到"文化生活"——以苏州古典园林为资源的社区旅游发展模式研究》，载《旅游科学》2012年第26卷第4期，第1~7页。

[73] 孙九霞：《社区参与旅游对民族传统文化保护的正效应》，载《广西民族学院学报（哲社版）》2005年第4期，第35~40页。

[74] 孙九霞、保继刚：《社区参与的旅游人类学研究——以西双版纳傣族园为例》，载《广西民族学院学报（哲学社会科学版）》2004年第26卷第6期，第128~137页。

[75] 孙九霞、保继刚：《从缺失到凸显：社区参与旅游发展研究脉络》，载《旅游学刊》2006年第7期，第63~68页。

[76] 唐顺铁：《旅游目的地的社区化及社区旅游研究》，载《地理研究》1998年第17卷第2期，第145~149页。

[77] [美] 托马斯·古德尔、杰弗瑞·戈比：《人类思想史中的休闲》，成素梅等，译，云南人民出版社2000年版。

[78] [澳] 维尔：《休闲和旅游供给：政策与规划》，李天元、徐红译，中国旅游出版社2010年版。

[79] 王成超：《我国社区旅游实践的扭曲与反思》，载《海南师范大学学报（自然科学版）》2010年第23卷第3期，第104~107页。

[80] 王纯阳、黄福才：《村落遗产地利益相关者界定与分类的实证研究——以开平碉楼与村落为例》，载《旅游学刊》2012年第27卷第8期，第88~94页。

[81] 汪宇明、程怡、龚伟等：《都市社区旅游国际化的"新天地"模式》，载《旅游科学》2006年第20卷第3期，第36~42页。

[82] 卫龙宝、史新杰：《浙江特色小镇建设的若干思考与建议》，载《浙江社会科学》2016年第3期，第28~32页。

[83] 魏敏、颜亚玉：《基于利益相关者视角的社区旅游发展模式研究》，载《统计与信息论坛》2008年第6期，第35~39页。

[84] 吴良镛、吴唯佳、武廷海：《论世界与中国城市化的大趋势和江苏省城市化道路》，载《科技导报》2003年第9期，第3~6页。

[85] 武前波、徐伟：《新时期传统小城镇向特色小镇转型的理论逻辑》，载《经济地理》2018年第38卷第2期，第82~89页。

[86] 武魏魏：《实施社区参与弘扬民族文化》，载《桂林旅游高等专科学校学报》2003年第4期，第55~58页。

[87] 吴文藻：《论社会学中国化》，商务印书馆2010年版。

[88] 《无锡田园东方综合体案例分享》，搜狐网，https://www.sohu.com/a/457562157_505583，2021年3月27日。

[89] 吴忠军、叶晔：《民族社区旅游利益分配与居民参与有效性探讨——以桂林龙胜龙脊梯田景区平安寨为例》，载《广西经济管理干部学院学报》2005年第17卷第3期，第51~55页。

[90] ［日］西村幸夫：《再造魅力故乡——日本传统街区重生故事》，王惠君译，清华大学出版社2007年版。

[91] 习近平：《走高效生态的新型农业现代化道路》，载《人民日报》2007年3月21日。

[92] 习近平：《决胜全面建成小康社会，夺取新时代中国特色社会主义伟大胜利——在中国共产党第十九次全国代表大会上的报告》，人民出版社2018年版。

[93] 夏赞才：《利益相关者理论及旅行社利益相关者基本图谱》，

载《湖南师范大学社会科学学报》2003年第32卷第3期,第72~77页。

[94] 肖玲:《社区旅游发展机制研究》,第二外国语学院硕士学位论文,2006年。

[95] 谢礼珊、赵强生、马康:《旅游虚拟社区成员互动、感知利益和公民行为关系——基于价值共创的视角》,载《旅游学刊》2019年第34卷第3期,第28~40页。

[96] 谢宏、李颖灏、韦有义:《浙江省特色小镇的空间结构特征及影响因素研究》,载《地理科学》2018年第38卷第8期,第1283~1291页。

[97] 熊元斌、张文娟:《对旅游业战略性支柱产业定位的认识》,载《光明日报》2010年8月15日。

[98] 徐海春:《数字娱乐:各国竞折腰》,载《国际金融报》2001年10月9日。

[99] 徐虹、张行发:《国内社区参与旅游研究回顾与展望——基于CiteSpace和Vosviewer的知识图谱分析》,载《西南民族大学学报(人文社会科学版)》2021年第8期,第219~228页。

[100] 徐小龙、王方华:《虚拟社区研究前沿探析》,载《外国经济与管理》2007年第9期,第10~16页。

[101] 徐永祥:《社区工作》,高等教育出版社2004年版。

[102] 杨敏:《作为国家治理单元的社区——对城市社区建设运动过程中居民社区参与和社区认知的个案研究》,载《社会学研究》2007年第4期,第137~164,245页。

[103] 杨秋月:《基于社区的设计与社会创新》,湖南大学硕士学位论文,2011年。

[104] 杨淑琴、王柳丽:《国家权力的介入与社区概念嬗变——对中国城市社区建设实践的理论反思》,载《学术界》,2010年第6期,第167~173,287页。

[105] 杨亚丽、孙根年:《城市化推动我国国内旅游发展的时空动态分析》,载《经济地理》2013年第33卷第7期,第169~175页。

[106] 杨振之、周坤:《也谈休闲城市与城市休闲》,载《旅游学刊》2008年第23卷第12期,第51~57页。

参考文献

[107] 叶俊:《基于社区的旅游规划方法》,载《热带地理》2009年第29卷第2期,第161~166页。

[108] 叶俊、于海燕:《国内外近年来社区旅游研究进展》,载《桂林旅游高等专科学校学报》2007年第18卷第2期,第272~278页。

[109] 余向洋:《古村落社区旅游的另一种思路——借鉴台湾社区营造经验》,载《黄山学院学报》2005年第7卷第5期,第42~44页。

[110] 余向洋:《中国社区旅游模式探讨——以徽州古村落社区旅游为例》,载《人文地理》2006年第5期,第41~45页。

[111] 约瑟夫·熊彼特:《经济发展理论——对于利润,资本,信贷和经济周期的考察》,何畏、易家详译,商务印书馆2000年版。

[112] 岳文海:《中国新型城镇化发展研究》,武汉大学博士学位论文,2013年。

[113] 曾旭正:《台湾的社区营造》,台湾远足文化事业股份有限公司2007年版。

[114] 张诚:《新田园主义概论与田园综合体实践》,北京大学出版社2018年版。

[115] 张宏等:《自然保护区社区共管对我国发展生态旅游的启示——兼论太白山大湾村实例》,载《人文地理》2005年第3期,第103~107页。

[116] 张骁鸣:《西方社区旅游概念:误读与反思》,载《旅游科学》2007年第21卷第1期,第1~6页。

[117] 赵静:乡村旅游核心利益相关者关系博弈及协调机制研究,西北大学博士学位论文,2019年。

[118] 赵倩倩、褚玉杰、赵振斌:《基于场所依恋的乡村社区妇女参与民族旅游问题研究——以新疆布尔津县禾木村为例》,载《资源开发与市场》2013年第29卷第8期,第859~862页。

[119] 郑向敏、刘静:《论旅游业发展中社区参与的三个层次》,载《华侨大学学报(哲学社会科学版)》2002年第4期,第12~18页。

[120] 郑耀星、储德平:《区域旅游规划、开发与管理》,高等教育出版社2004年版。

[121]《中共中央、国务院关于深入推进农业供给侧结构性改革加

快培育农业农村发展新动能的若干意见》，中华人民共和国商务部网站，http：//www. mofcom. gov. cn/article/zt_dzswjnc/lanmuone/201704/20170402553790. shtml，2017 年 2 月 6 日。

［122］《中共中央、国务院关于实施乡村振兴战略的意见》，中华人民共和国商务部网站，http：//www. mofcom. gov. cn/article/b/g/201805/20180502738498. shtml，2018 年 1 月 2 日。

［123］中共中央、国务院：《乡村振兴战略规划（2018 - 2022）》，中华人民共和国中央人民政府网站，2018 年 9 月 26 日。

［124］中国 21 世纪议程管理中心：《中国 21 世纪议程——中国 21 世纪人口、环境与发展白皮书》，中国环境科学出版社 1994 年版。

［125］中国国际发展知识中心：《中国落实 2030 年可持续发展议程进展报告（2021）》，外交部网站，http：//infogate. fmprc. gov. cn/web/ziliao_674904/zt_674979/dnzt_674981/qtzt/2030kcxfzyc_686343/202109/P020211019126076276210. pdf，2021 年 9 月 27 日。

［126］《中央经济工作会议在北京举行，习近平温家宝李克强作重要讲话，张德江　俞正声　刘云山　王岐山　张高丽出席会议 2012 年中央经济工作会议公报》，共产党员网，https：//news. 12371. cn/2012/12/17/ARTI1355690078721576. shtml，2012 年 12 月 17 日。

［127］周玉翠：《欠发达地区社区旅游研究——以湖南省邵阳市为例》，载《地域研究与开发》1999，18（3）：74 - 76。

［128］周跃辉：《西方城市化的三个阶段》，载《学习时报》2012 年 1 月 28 日。

［129］诸葛仁、陈挺舫、特里·德拉西：《武夷山自然保护区资源管理中社区参与机制的探讨》，载《农村生态环境》2000（1）：47 - 52。

［130］左冰、保继刚：《制度增权：社区参与旅游发展之土地权利变革》，载《旅游学刊》2012（2）：23 - 31。

［131］Abouzeedan A, Hedner T, Klofsten M, Innovation and Entrepreneurship-new Themes for New Times［J］. *Annals of Innovation & Entrepreneurship*，2010，1（1）：1 - 3.

［132］Armstrong A and Hagel J III, The Real Value of On-line Communities［J］. *Harvard Business Review*，1996，74（3）：134 - 141.

[133] Delbridge A, *The Macquarie Dictionary* (3rd edn) [M]. Sydney: The Macquarie Library, 2001.

[134] Etzioni A and Etzioni O, Face-to-face and Computer-mediated Communities: A Comparative Analysis, *The Information Society*, 1999 (15): 241-248.

[135] Milman A, Pizam A, Social Impacts of Tourism on Central Florida [J]. *Annals of Tourism Research*, 1988 (2): 191-204.

[136] Roddick A, *Business as Unusual: the Triumph of Antia Roddick and the Body Shop* [M]. London: Thorsons, 2000.

[137] Tether B S, Do Services Innovate Differently? Insights from the European Innobarometer Survey [J]. *Industry & Innovation*, 2005, 12 (2): 153-184.

[138] Hermans D, The Encounter of Agriculture and Tourism: a Catalan Case, *Annals of Tourism Research*, 1981 (3): 462-479.

[139] Horn C and Simmons D, Community Adaptation to Tourism: Comparisons between Rotorua and Kaikoura [J]. *Tourism Management*, 2002 (23): 133-143.

[140] Getz D, Models in Tourism Planning: towards Integration of Theory and Practice [J]. *Tourism Management*, 1986 (7): 21-32.

[141] Gursoy D, Jurowski C, Uysal M, Resident Attitudes a Structural Modeling approach, *Annals of Tourism Research*, 2002, 29 (1): 79-105.

[142] Tolkach D and King B, Strengthening Community-Based Tourism in A New Resource-based Island Nation: Why and How? [J]. *Tourism Management*, 2015 (48): 386-398.

[143] Koa D, Stewart W P, A Structural Equation Model of Residents' Attitudes for Tourism Development [J]. Tourism Management, 2002 (23): 521-530.

[144] Doohwang L, Hyuk S K, Jung K K, The Impact of Online Brand Community Type on Consumer's Community Engagement Behaviors: Consumer-Created vs. Marketer-Created Online Brand Community in Online Social-Networking Web Sites [J]. *Cyberpsychology, Behavior, and*

Social Networking, 2011, 14 (1-2): 59-63.

[145] Kadt de E, *Tourism - Passport to Development? Perspectives on the Social and Cultural Effects of Tourism in Developing Countries* [M]. New York: Oxford University Press, 1979.

[146] Gallouj F, Savona M, Innovation in Services: A Review of the Debate and A Research Agenda [J]. *Evolutionary economics*, 2009, 19 (2): 149-172.

[147] Orfila-Sintes F, Mattsson J, Innovation Behavior in the Hotel Industry, *Omega - The International Journal of Management Science*, 2009, 37 (2): 380-394.

[148] Frank G et al. Communities as Destinations: A Marketing Taxonomy for the Effective Implementation of the Tourism Action Plan [J]. *Travel Research*, 1992, 20 (4): 31-37.

[149] Weaver G D, Tourism USA: *Guideline for Tourism Development*. Columbia, Missouri: University of Missouri - Columbia, Department of Recreation and Park Administration/Washington, DC: United States Travel and Tourism Administration, 1986.

[150] Ashworth G J, Urban tourism: An imbalance in attention, In C P Cooper (ed.) *Progress in Tourism, Recreation and Hospitality Research* [M]. London: Belhaven, 1989.

[151] McIntyre G, *Sustainable Tourism Development: Guide for Local Planners* [J]. Madrid: World Tourism Organization, 1993.

[152] Molitor G T T, The Next 1000 Year: the 'Big Five' Engines of Economic Growth [J]. *The Futurist*, 1999, 33 (10): 13-18.

[153] Taylor G, The Community Approach: Does It Really Work? [J]. *Tourism Management*, 1995, 16 (7): 487-489.

[154] Chrys H, David S, Community Adaptation to Tourism: Comparisons between Rotorua and Kaikoura [J]. New Zealand, *Tourism Management*, 2002 (23): 133-143.

[155] Martha H, *Ecotourism and Sustainable Development. Who Owns Paradised* [M]. Washington DC: Island Press, 1999.

[156] Chesbrough H W, *Open Innovation: The New Imperative for Creating and Profiting from Technology* [J]. Cambridge: Harvard Business School Press, 2003.

[157] Rosenow J E, Pulsipher G L. *Tourism: The Good, The Bad, and The Ugly*. Lincoln [J]. NE: Century Three Press, 1979.

[158] Krippendorf J. *The Holiday Makers* [M]. London: Heinemann, 1987.

[159] Cohen J H, Textile, Tourism and Community Development [J]. *Annals of Tourism Research*, 2001, 28 (2): 378-398.

[160] Love J H, Roper S, Hewitt-Dundas N. Service Innovation, Embeddedness and Business Performance: Evidence from Northern Ireland [J]. *Regional Studies*, 2010, 44 (8): 983-1004.

[161] Barkham J P, Recreational Carrying Capacity: A Problem of Perception [J]. *Area*, 1973, 5 (3): 218-222.

[162] Ritchie J R B, Crafting a Destination Visions: Putting the Concept of Resident-responsive Tourism into Practice [J]. Tourism *Management*, 1993, 14 (5): 379-389.

[163] Sundbo J, Gallouj F, Innovation in Services-SIS4 Project Synthesis [J]. *Work package*, 1998, 3 (4): 11.

[164] Swardbrooke J, Sustainable Tourism Management, *Annals of Tourism Research*, 1999, 28 (2): 523-525.

[165] Richardson J T, *A History of Australian Travel and Tourism* [M]. Melbourne: Hospitality Press, 1999.

[166] West J, Gallagher S, Challenges of Open Innovation: The Paradox of Firm Investment in Open-source Software, *R&D Management*, 2006, 36 (3): 319-331.

[167] Haywood M, Responsible and Responsive Tourism Planning in the Community, *Tourism Management*, 1988, 9 (2): 105-118.

[168] Weiermair K, Prospects for Innovation in Tourism: Analyzing the Innovation Potential throughout the Tourism Value Chain [J]. *Quality Assurance in Hospitality & Tourism*, 2006, 6 (3-4): 59-72.

[169] Kreg L, Tommy D. Andersson, Benedict G, Dellaert C. Tourism Development Assessing Social Gains and Losses [J]. *Annals of Tourism Research*, 2001, 28 (4): 1010 – 1030.

[170] Susskind L, McKearnan S, J Thomas – Larmer, *The Consensus Building Handbook: A Comprehensive Guide to Reaching Agreement* [J]. Thousand Oaks, CA: Sage Publications, 1999.

[171] Lange, Frederick W, The Impact of Tourism on Cultural Patrimony: A Costa Rica example [M]. *Annals of Tourism Research*, 1980 (1): 56 – 68.

[172] Kruger E L, Community and Landscape Change in Southeast Alaska, *Landscape and Urban Planning*, 2005 (72): 235 – 249.

[173] Hastbacka A M, Open Innovation: What's Mine is Mine. What If Yours Could Be Mine too [J]. *Technology Management Journal*, 2004, 12 (3): 1 – 4.

[174] Abramovici M, Bancel – Charensol L, How to Take Customers into Consideration in Service Innovation Projects, *The Service Industries Journal*, 2004, 24 (1): 56 – 78.

[175] Kneafsey M, Rural Cultural Economy: Tourism and Social Relations [J]. *Annals of Tourism Research*, 2001, 28 (3): 762 – 783.

[176] Kousis M, Tourism and the Family in a Rural Cretan Community, *Annals of Tourism Research*, 1989 (3): 318 – 332.

[177] Crossan M M, Apaydin M, A multi – dimensional Framework of Organizational Innovation: A Systematic Review of the Literature [J]. *Management studies*, 2010, 47 (6): 1154 – 1191.

[178] Smith M, Tourism Dependence and Resident Attitudes [J]. *Annals of Tourism Research*, 1998, 5 (4): 783 – 802.

[179] Mann M. *The Community Tourism Guide: Exciting Holidays for Responsible Travellers* [M]. London: Earthscan Publications Ltd, 2000.

[180] Marion J, Sustainable Community Tourism Development Revisited [J]. *Tourism Management*, 1996 (17): 475 – 379.

[181] Mark P H, Heritage, Local Communities and Economic Devel-

opment, *Annals of Tourism Research*, 2005, 32 (3): 735 – 759.

[182] Matthew J. Walpole, Harold J. Goodwin, Local Economic Impacts of Dragon Tourism in Indonesia, *Annals of Tourism Research*, 2000, 27 (3): 559 – 576.

[183] Milman A, Pizam A, Social Impacts of Tourism on Central Florida [J]. *Annals of Tourism Research*, 1988, 15 (2): 191 – 204.

[184] Murphy P E, *Tourism: A Community Approach* [M]. London: Methuen, 1986.

[185] Noel B. Salazar, Community-based Cultural Tourism: Issues, Threats and Opportunities, *Journal of Sustainable Tourism*, 2012, 20 (1): 9 – 22.

[186] Nunnally J, *Psychometric Theory* [M]. New York: McGraw – Hill, 1978.

[187] Loukissas J P, Tourism's Regional Development Impacts: A Comparative Analysis of the Greek Islands, *Annals of Tourism Research*, 1982 (4): 523 – 541.

[188] Mitchell K P, Agle R B, Wood J D, Toward a Theory of Stakeholder Identification and Salience: Defining the Principle of Who and What Really Counts, *Academy of Management Review*, 1997, 22 (4): 853 – 886.

[189] Burns M P, Sancho M M, Local Perceptions of Tourism Planning: the Case of Cuellar, Spain, *Tourism Management*, 2003, 24 (3): 331 – 339.

[190] Perdue R R, Long T P, Kang S Y, Boomtown Tourism and Resident Quality of Life: The Marketing of Gaming to Host Community Residents [J]. *Business Research*, 1999 (44): 165 – 177.

[191] Long P T, Early Impacts of Limited Stakes Casino Gambling on Rural community Life [J]. *Tourism Management*, 1996, 17 (5): 341 – 353.

[192] Pam D, Lucinda Aberdeen, Sigrid Schuler, Tourism Impacts on an Australian Indigenous Community a Djabugay Case Study [J]. Tourism

Management, 2003 (24): 83-95.

[193] Mitchell E R, Reid G D, Community Integration Island Tourism in Peru [J]. *Annals of Tourism Research*, 2001, 28 (1): 113-139.

[194] Simpson P, Wall G, Consequences of Resort Development: A Comparative Study, *Tourism Management*, 1999, 20 (3): 283-296.

[195] Tomljenovic R, Faulkner B, Tourism and Older Residents in a Sunbelt Resort, *Annals of Tourism Research*, 2000 (1): 93-114.

[196] Northam R M, *Urban Geography* [J]. New York: J. Wiley Sons, 1975.

[197] Wyllie W R, Hana Revisited: Development and Controversy in a Hawaiian Tourism Community [J]. *Tourism Management*, 1998, 19 (2): 171-178.

[198] Randall S. Upchurch, Una Teivane, Resident Perceptions of Tourism Development in Riga, Latvia [J]. *Tourism Management*, 2000 (21): 499-507.

[199] Ray G. Community Perceptions of Environmental and Social change and Tourism Development on the Island of Koh Samui, Thailand [J]. *Environmental Psychology*, 2005 (25): 37-56.

[200] Peter E M, Tourism Management in Host Communities [J]. *The Canadian Geographer*, 1980, 24 (1): 1-2.

[201] Rhcingold H, Virtual Communities - Exchanging Ideas through Computer Bulletin Boards, *Journal of Virtual Worlds Research*, 2008, 1 (1): 1-5.

[202] Robert W Mcintosh, Charles R Goeldner, Tourism: Principles [M]. *Practices, Philosophies* (7th Ed.). New Jersey: John Wiley & Sons Inc, 1995.

[203] Ross G F, Resident Perceptions of the Impact of Tourism on an Australian City, *Journal of Travel Research*, 1992, 2 (3): 13-17.

[204] Akis S, Peristianis N, Warner J, Residents' Attitudes to Tourism Development: the Case of Cyprus, *Tourism Management*, 1996, 17 (7): 481-494.

[205] Amanda S, "Because It Is Ours": Community-based Ecotourism in the Peruvian Amazon (PhD Thesis) [J]. University of Florida, 2000.

[206] Regina S, Ecotourism and the Empowerment of Local Communities, Tourism Management, 1999 (20): 245 -249.

[207] Lankford V S, Howard R D, Developing a Tourism Impact Attitude Scale, Annals of Tourism Research, 1994 (21): 121 -139.

[208] Ko T G, Development of a Tourism Sustainability Assessment Procedure: a Conceptual Approach, Tourism Management, 2005, 26 (3): 431 -445.

[209] Lichtenthaler U, Ernst H, Retraction Notice: Technology Licensing Strategies: the Interaction of Process and Content Characteristics, Strategic Organization, 2009, 7 (2): 183 -221.

[210] Dholakia M U et al. A Social Influence Model of Consumer Participation in Network and Small Group Based Virtual Communities, International Journal of Research in Marketing, 2004, 21 (3): 241 -263.

[211] Eadington W R, Impact of Casino Gambling on the Community Comment on Pizam and Poleka, Annals of Tourism Research, 1986 (2): 279 -282.